# ŒUVRES COMPLÈTES

DE

# M. EUGÈNE SUE.

## LES MYSTÈRES DE PARIS.

## Ouvrages nouveaux de M. Eugène Sue,

QUI SE TROUVENT A LA MÊME LIBRAIRIE.

---

LATRÉAUMONT, 2 vol. in-8°.
ARTHUR, 4 vol. in-8°.
DELEYTAR, 2 vol. in-8°.
LE MARQUIS DE LÉTORIÈRE, 1 vol. in-8°.
JEAN CAVALIER, ou LES FANATIQUES DES CÉVENNES, 4 vol. in-8°.
DEUX HISTOIRES : HERCULE-HARDI ET LE COLONEL SURVILLE, 1772—1810, 2 vol. in-8°.
LE COMMANDEUR DE MALTE, histoire maritime du temps de Louis XIII, 2 vol. in-8°.
MATHILDE, MÉMOIRES D'UNE JEUNE FEMME, 6 vol. in-8°.
LE MORNE-AU-DIABLE, 2 volumes in-8°.
THÉRÈSE DUNOYER, 2 vol. in-8°.
LES MYSTÈRES DE PARIS, 9 vol. in-8°.
PAULA MONTI ou L'HÔTEL LAMBERT, 2 vol. in-8°.

---

## Ouvrages de M. Eugène Sue

FAISANT PARTIE DE LA BIBLIOTHÈQUE D'ÉLITE.

---

LA SALAMANDRE, 1 vol. in-18, papier jésus vélin.
PLICK ET PLOCK, Nouvelles maritimes, 1 vol. in-18, papier jésus vélin.
ATAR GULL, Nouvelles maritimes, 1 vol. in-18, papier jésus vélin.
ARTHUR, 2 vol. in-18, papier jésus vélin.
LA COUCARATCHA, 2 vol. in-18, papier jésus vélin.
LA VIGIE DE KOAT-VEN, 2 vol. in-18, papier jésus vélin.

---

Paris. Imprimé par Béthune et Plon.

# LES
# MYSTÈRES
# DE PARIS.

### Par EUGÈNE SUE,
AUTEUR DE MATHILDE.

SEPTIÈME SÉRIE.

PARIS.
LIBRAIRIE DE CHARLES GOSSELIN,
Éditeur de la Bibliothèque d'Élite.
30, RUE JACOB.
MDCCCXLIII.

# LES MYSTÈRES DE PARIS.

## SEPTIÈME PARTIE.

### CHAPITRE PREMIER.

LE BATEAU.

— Eh quoi! déjà partir?
— Partir? ne plus entendre vos nobles paroles!
Non, par le ciel! je reste ici, maître.....
(WOLFRANG, SC. II.)

Pendant la nuit, l'aspect de l'île habitée par la famille Martial était sinistre; mais à la brillante clarté du soleil rien de plus riant que ce séjour maudit.

Bordée de saules et de peupliers, presque entièrement couverte d'une herbe épaisse, où serpentaient quelques allées de sable jaune, l'île renfermait un petit jardin potager et un assez grand nombre d'arbres à fruits. Au milieu de ce verger on voyait la baraque à toit de chaume dans laquelle Martial voulait se retirer avec François et Amandine. De ce côté, l'île se terminait à sa pointe par une sorte d'estacade formée de gros pieux destinés à contenir l'éboulement des terres.

Devant la maison, touchant presque au débarcadère, s'arrondissait une tonnelle de treillage vert, destinée à supporter pendant l'été les tiges grimpantes de la vigne vierge et du houblon, berceau de verdure sous lequel on disposait alors les tables des buveurs.

A l'une des extrémités de la maison, peinte en blanc et recouverte de tuiles, un bûcher surmonté d'un grenier formait en retour une petite aile beaucoup plus basse que le corps-de-logis principal. Presque au-dessus de cette aile on remarquait une fenêtre aux volets garnis de plaques de tôle, et extérieurement condamnés par deux barres de fer transversales, que de forts crampons fixaient au mur.

Trois bachots se balançaient, amarrés aux pilotis du débarcadère.

Accroupi au fond de l'un de ces bachots, Nicolas s'assurait du libre jeu de la soupape qu'il y avait adaptée.

Debout sur un banc situé en dehors de la tonnelle, Calebasse, la main placée au-dessus de ses yeux en manière d'abat-jour, regardait au loin dans la direction que madame Séraphin et Fleur-de-Marie devaient suivre pour se rendre à l'île.

— Personne ne paraît encore, ni vieille ni jeune — dit Calebasse en descendant de son banc et s'adressant à Nicolas. — Ce sera comme hier ! nous aurons attendu pour le roi de Prusse... Si ces femmes n'arrivent pas avant une demi-heure... il faudra partir ; le coup de Bras-Rouge vaut mieux, il nous attend. La courtière doit venir à cinq heures chez lui, aux Champs-Élysées... Il faut que nous soyons arrivés avant elle. Ce matin la Chouette nous l'a répété...

— Tu as raison — reprit Nicolas en quittant son bateau. — Que le tonnerre écrase cette vieille qui nous fait droguer pour rien !

La soupape va... comme un charme... Des deux affaires nous n'en aurons peut-être pas une...

— Du reste, Bras-Rouge et Barbillon ont besoin de nous... à eux deux ils ne peuvent rien.

— C'est vrai ; car, pendant qu'on fera le coup, il faudra que Bras-Rouge reste en dehors de son cabaret pour être au guet, et Barbillon n'est pas assez fort pour entraîner à lui tout seul la courtière dans le caveau... elle regimbera, cette vieille.

— Est-ce que la Chouette ne nous disait pas, en riant, qu'elle y tenait le Maître d'école *en pension*... dans ce caveau ?

— Pas dans celui-là... Dans un autre qui est bien plus profond, et qui est inondé quand la rivière est haute.

— Doit-il marronner dans ce caveau, le Maître d'école !... Être là-dedans tout seul, et aveugle !

— Il y verrait clair qu'il n'y verrait pas autre chose : le caveau est noir comme un four.

— C'est égal, quand il a fini de chanter,

pour se distraire, toutes les romances qu'il sait, le temps doit lui paraître joliment long.

— La Chouette dit qu'il s'amuse à faire la chasse aux rats, et que ce caveau-là est très-giboyeux...

— Dis donc, Nicolas, à propos de particuliers qui doivent s'ennuyer et marronner — reprit Calebasse avec un sourire féroce, en montrant du doigt la fenêtre garnie de plaques de tôle — il y en a là un qui doit se manger le sang...

— Bah... il dort..... Depuis ce matin il ne cogne plus... et son chien est muet...

— Peut-être qu'il l'a étranglé pour le manger... Depuis deux jours ils doivent tous deux enrager la faim et la soif là-dedans.

— Ça les regarde... Martial peut durer encore long-temps comme ça, si ça l'amuse... Quand il sera fini... on dira qu'il est mort de maladie; ça ne fera pas un pli.

— Tu crois?

— Bien sûr. En allant ce matin à Asnières, la mère a rencontré le père Férot, le pêcheur; comme il s'étonnait de ne pas avoir vu son ami Martial depuis deux jours, la mère lui a dit que Martial ne quittait pas son lit, tant il était malade, et qu'on désespérait de lui... Le père Férot a avalé ça doux comme miel... il le redira à d'autres... et quand la chose arrivera... elle paraîtra toute simple.

— Oui, mais il ne mourra pas encore tout de suite; c'est long de cette manière-là...

— Qu'est-ce que tu veux? il n'y avait pas moyen d'en venir à bout autrement. Cet enragé de Martial, quand il s'y met, est méchant en diable, et fort comme un taureau, par là-dessus; il se défiait, nous n'aurions pas pu l'approcher sans danger; tandis que sa porte une fois bien clouée en dehors, qu'est-ce qu'il pouvait faire? Sa fenêtre était grillée.

— Tiens.... il pouvait desceller les barreaux... en creusant le plâtre avec son couteau, ce qu'il aurait fait, si, montée à l'échelle, je ne lui avais pas déchiqueté les mains à coups de hachette toutes les fois qu'il voulait commencer son ouvrage.

— Quelle faction! — dit le brigand en ricanant; — c'est toi qui as dû t'amuser!

— Il fallait bien te donner le temps d'arriver avec la tôle que tu avais été chercher chez le père Micou.

— Devait-il écumer... cher frère!

— Il grinçait des dents comme un possédé; deux ou trois fois il a voulu me repousser à travers les barreaux à grands coups de bâton; mais alors, n'ayant plus qu'une main de libre, il ne pouvait pas travailler et desceller la grille... C'est ce qu'il fallait.

— Heureusement qu'il n'y a pas de cheminée dans sa chambre!

— Et que la porte est solide et qu'il a les mains abîmées! sans ça, il serait capable de trouer le plancher...

— Et les poutres, il passerait donc à travers? Non, non, va, il n'y a pas de danger qu'il s'échappe; les volets sont garnis de tôle et assurés par deux barres de fer; la porte... clouée en dehors avec des clous à bateau de trois pouces... Sa bière est plus solide que si elle était en chêne et en plomb.

— Dis donc, et quand, en sortant de prison, la Louve viendra ici pour chercher son homme... comme elle l'appelle?...

— Eh bien! on lui dira : Cherche...

— A propos, sais-tu que si ma mère n'avait pas enfermé ces gueux d'enfants, ils auraient été capables de ronger la porte comme des rats pour délivrer Martial? Ce petit gredin de François est un vrai démon depuis qu'il se doute que nous avons emballé le grand frère.

— Ah çà! mais est-ce qu'on va les laisser dans la chambre d'en haut pendant que nous allons quitter l'île? Leur fenêtre n'est pas grillée; ils n'ont qu'à descendre en dehors...

A ce moment, des cris et des sanglots, partant de la maison, attirèrent l'attention de Calebasse et de Nicolas.

Ils virent la porte du rez-de-chaussée, jusqu'alors ouverte, se fermer violemment; une minute après, la figure pâle et sinistre de la mère Martial apparut à travers les barreaux de la fenêtre de la cuisine.

De son long bras décharné, la veuve du supplicié fit signe à ses enfants de venir à elle.

— Allons, il y a du grabuge; je parie que c'est encore François qui se rebiffe — dit Nicolas. — Gredin de Martial! sans lui, ce gamin-là aurait été tout seul... Veille toujours bien; et si tu vois venir les deux femelles, appelle-moi.

Pendant que Calebasse, remontée sur son banc, épiait au loin la venue de madame Séraphin et de la Goualeuse, Nicolas entra dans la maison.

La petite Amandine, agenouillée au milieu de la cuisine, sanglotait et demandait grâce pour son frère François.

Irrité, menaçant, celui-ci, acculé dans un des angles de cette pièce, brandissait la hachette de Nicolas, et semblait décidé à apporter cette fois une résistance désespérée aux volontés de sa mère.

Toujours impassible, toujours silencieuse, montrant à Nicolas l'entrée du caveau qui s'ouvrait dans la cuisine et dont la porte était entre-bâillée, la veuve fit signe à son fils d'y enfermer François.

— On ne m'enfermera pas là-dedans! — s'écria l'enfant déterminé, dont les yeux brillaient comme ceux d'un jeune chat sauvage. — Vous voulez nous y laisser mourir de faim avec Amandine, comme notre frère Martial.

— Maman... pour l'amour de Dieu, laisse-nous en haut dans notre chambre, comme hier — demanda la petite fille d'un ton suppliant, en joignant les mains... — dans le caveau noir, nous aurons trop peur...

La veuve regarda Nicolas d'un air impatient, comme pour lui reprocher de n'avoir pas encore exécuté ses ordres; puis, d'un nouveau geste impérieux, lui désigna François.

Voyant son frère s'avancer vers lui, le jeune garçon brandit sa hachette d'un air désespéré et s'écria :

— Si on veut m'enfermer là, que ce soit ma mère, mon frère ou Calebasse, tant pis... je frappe, et la hache coupe.

Ainsi que la veuve, Nicolas sentait l'imminente nécessité d'empêcher les deux enfants d'aller au secours de Martial pendant que la maison resterait seule, et aussi de leur dérober la connaissance des scènes qui allaient se passer, car de leur fenêtre on découvrait la rivière, où l'on voulait noyer Fleur-de-Marie.

Mais Nicolas, aussi féroce que lâche, et se souciant peu de recevoir un coup de la dangereuse hachette dont son jeune frère était armé, hésitait à s'approcher de lui.

La veuve, courroucée de l'hésitation de son

fils aîné, le poussa rudement par l'épaule au-devant de François.

Mais Nicolas, reculant de nouveau, s'écria :

— Quand il m'aura blessé... qu'est-ce que je ferai, la mère? Vous savez bien que je vais avoir besoin de mes bras tout à l'heure, et je me ressens encore du coup que ce gueux de Martial m'a donné...

La veuve haussa les épaules avec mépris, et fit un pas vers François.

— N'approchez pas, ma mère! — s'écria François furieux, — ou vous allez me payer tous les coups que vous nous avez donnés à nous deux Amandine.

— Mon frère... laisse-toi plutôt renfermer... Oh! mon Dieu!... ne frappe pas notre mère! — s'écria Amandine épouvantée.

Tout à coup Nicolas vit sur une chaise une grande couverture de laine dont on s'était servi pour le *repassage;* il la saisit, la déploya à moitié, et la lança adroitement sur la tête de François, qui, malgré ses efforts, se trouvant engagé sous ses plis épais, ne put faire usage de son arme.

Alors Nicolas se précipita sur lui, et, aidé de sa mère, il le porta dans le caveau.

Amandine était restée agenouillée au milieu de la cuisine; dès qu'elle vit le sort de son frère, elle se leva vivement, et, malgré sa terreur, alla d'elle-même le rejoindre dans le sombre réduit.

La porte fut fermée à double tour sur le frère et sur la sœur.

— C'est pourtant la faute de ce gueux de Martial si ces enfants sont maintenant comme des déchaînés après nous! — s'écria Nicolas.

— On n'entend plus rien dans sa chambre depuis ce matin — dit la veuve d'un air pensif, et elle tressaillit; — plus rien...

— C'est ce qui prouve, la mère, que tu as bien fait de dire tantôt au père Férot, le pêcheur d'Asnières, que Martial était depuis deux jours dans son lit, malade à crever... Comme ça, quand tout sera dit, on ne s'étonnera de rien...

Après un moment de silence, et comme si elle eût voulu échapper à une pensée pénible, la veuve reprit brusquement :

— La Chouette est venue ici pendant que j'étais à Asnières?

— Oui, la mère.

— Pourquoi n'est-elle pas restée pour nous accompagner chez Bras-Rouge?... Je me défie d'elle.

— Bah!.. vous vous défiez de tout le monde, la mère... aujourd'hui c'est de la Chouette, hier c'était de Bras-Rouge.

— Bras-Rouge est libre, mon fils est à Toulon... et ils avaient commis le même vol.

— Quand vous répéterez toujours cela... Bras-Rouge a échappé, parce qu'il est fin comme l'ambre... voilà tout... La Chouette n'est pas restée ici, parce qu'elle avait rendez-vous à deux heures, près l'Observatoire, avec le grand monsieur en deuil, au compte de qui elle a enlevé cette jeune fille de campagne avec l'aide du Maître d'école et de Tortillard, même que c'était Barbillon qui menait le fiacre que ce grand monsieur en deuil avait loué pour cette affaire. Voyons, la mère, comment voulez-vous que la Chouette nous dénonce, puisqu'elle nous dit les coups qu'elle monte... et que nous ne lui disons pas les nôtres?... car elle ne sait rien de la noyade de tout à l'heure... Soyez tranquille, allez, la mère, les loups ne se mangent pas... la journée sera bonne ; quand je pense que la courtière a souvent pour des vingt, des trente mille francs de diamants dans son sac, et qu'avant deux heures nous la tiendrons dans le caveau de Bras-Rouge!... Trente mille francs de diamants!... pensez donc!

— Et pendant que nous tiendrons la courtière, Bras-Rouge restera en dehors de son cabaret? — dit la veuve d'un air soupçonneux.

— Et où voulez-vous qu'il soit? S'il vient quelqu'un chez lui, ne faut-il pas qu'il réponde, et qu'il empêche d'approcher de l'endroit où nous ferons notre affaire...

— Nicolas!... Nicolas!... — cria tout à coup Calebasse au dehors — voilà les deux femmes...

— Vite, vite, la mère, votre châle, je vais vous conduire à terre, ça sera autant de fait — dit Nicolas.

La veuve avait remplacé sa marmotte de deuil par un bonnet de tulle noir. Elle s'enveloppa dans un grand châle de tartan à carreaux gris et blancs, ferma la porte de la cuisine, plaça la clef derrière un des volets du rez-de-chaussée, et suivit son fils à l'embarcadère.

Presque malgré elle, avant de quitter l'île, elle jeta un long regard sur la fenêtre de Martial, fronça les sourcils, pinça ses lèvres; puis, après un brusque et nouveau tressaillement, elle murmura tout bas : — C'est sa faute... c'est sa faute...

— Nicolas... les vois-tu... là-bas... le long de la butte? il y a une paysanne et une bourgeoise — s'écria Calebasse en montrant, de l'autre côté de la rivière, madame Séraphin et Fleur-de-Marie qui descendaient un petit sentier contournant un escarpement assez élevé d'où l'on dominait un four à plâtre.

— Attendons le signal, n'allons pas faire de mauvaise besogne — dit Nicolas.

— Tu es donc aveugle? Est-ce que tu ne reconnais pas la grosse femme qui est venue avant-hier?... Vois donc son châle orange. Et la petite paysanne, comme elle se dépêche!... Elle est encore bonne enfant, celle-là... on voit bien qu'elle ne sait pas ce qui l'attend.

— Oui, je reconnais la grosse femme. Allons, ça chauffe... ça chauffe. Ah çà ! convenons bien du coup, Calebasse — dit Nicolas.

— Je prendrai la vieille et la jeune dans le bachot à soupape... tu me suivras dans l'autre bout à bout... et attention à ramer juste, pour que d'un saut je puisse me lancer dans ton bateau dès que j'aurai fait jouer la trappe et que le mien enfoncera.

— N'aie pas peur, ce n'est pas la première fois que je rame, n'est-ce pas ?

— Je n'ai pas peur de me noyer... tu sais comme je nage... Mais si je ne sautais pas à temps dans l'autre bachot... les femelles, en se débattant contre la noyade, pourraient s'accrocher à moi... et merci... je n'ai pas envie de faire une *pleine eau* avec elles.

— La vieille fait signe avec son mouchoir — dit Calebasse — les voilà sur la grève.

— Allons, allons, embarquez, la mère — dit Nicolas en démarrant — venez dans le bachot à soupape... Comme ça les deux femmes ne se défieront de rien... Et toi, Calebasse, saute dans l'autre, et des bras... ma fille... rame dur... Ah ! tiens, prends mon croc, mets-le à côté de toi, il est pointu comme une lance... ça pourra servir, et en route ! — dit le bandit, en plaçant dans le bateau de Calebasse un long croc armé d'un fer aigu.

En peu d'instants, les deux bachots, conduits l'un par Nicolas, l'autre par Calebasse, abordèrent sur la grève, où madame Séraphin et Fleur-de-Marie attendaient depuis quelques minutes.

Pendant que Nicolas attachait son bateau à un pieu placé sur le rivage, madame Séraphin s'approcha, et lui dit tout bas et très-rapidement : — Dites que madame Georges nous attend ; — puis la femme de charge reprit à haute voix :

— Nous sommes un peu en retard, mon garçon ?

— Oui, ma brave dame, madame Georges vous a déjà demandées plusieurs fois.

— Vous voyez, ma chère demoiselle, madame Georges nous attend — dit madame Séraphin en se retournant vers Fleur-de-Marie, qui, malgré sa confiance, avait senti son cœur se serrer à l'aspect des sinistres figures de la veuve, de Calebasse et de Nicolas... Mais le nom de madame Georges la rassura, et elle répondit :

— Je suis aussi bien impatiente de voir madame Georges ; heureusement le trajet n'est pas long...

— Va-t-elle être contente, cette chère dame ! — dit madame Séraphin. — Puis s'adressant à Nicolas : — Voyons, mon garçon, approchez encore un peu plus votre bateau que nous puissions monter. — Et elle ajouta tout bas : — Il faut absolument noyer la petite ; si elle revient sur l'eau, replongez-la...

— C'est dit ; et vous, n'ayez pas peur ; quand je vous ferai signe, donnez-moi la main... Elle enfoncera toute seule... tout est préparé... vous n'avez rien à craindre—répondit tout bas Nicolas. Puis, avec une impassibilité féroce, sans être touché de la beauté ni de la jeunesse de Fleur-de-Marie, il lui tendit son bras.

La jeune fille s'y appuya légèrement et entra dans le bateau.

— A vous, ma brave dame — dit Nicolas à madame Séraphin.

Et il lui offrit la main à son tour.

Fut-ce pressentiment, défiance ou seulement crainte de ne pas sauter assez lestement de l'embarcation dans laquelle se trouvaient Nicolas et la Goualeuse lorsqu'elle coulerait à fond, la femme de charge de Jacques Ferrand dit à Nicolas en se reculant :

— Au fait... moi j'irai dans le bateau de mademoiselle.

Et elle se plaça près de Calebasse.

— A la bonne heure — dit Nicolas en échangeant un coup d'œil expressif avec sa sœur.

Et du bout de sa rame il donna une vigoureuse impulsion à son bachot.

Sa sœur l'imita lorsque madame Séraphin fut à côté d'elle.

Debout, immobile sur le rivage, indifférente à cette scène, la veuve, pensive et absorbée, attachait obstinément son regard sur la fenêtre de Martial, que l'on distinguait de la grève à travers les peupliers.

Pendant ce temps, les deux bachots, dont le premier portait Fleur-de-Marie et Nicolas, l'autre madame Séraphin et Calebasse, s'éloignèrent lentement du bord.

2.

## CHAPITRE II.

BONHEUR DE SE REVOIR.

Avant d'apprendre au lecteur le dénouement du drame qui se passait dans le bateau à soupape de Martial, nous reviendrons sur nos pas.

Peu de moments après que Fleur-de-Marie eut quitté Saint-Lazare avec madame Séraphin, la Louve était aussi sortie de prison.

Grâce aux recommandations de madame Armand et du directeur, qui voulaient la récompenser de sa bonne action envers Mont-Saint-Jean, on avait gracié la maîtresse de Martial de quelques jours de captivité qui lui restaient à subir.

Un changement complet s'était d'ailleurs opéré dans l'esprit de cette créature jusqu'alors corrompue, avilie, indomptée.

Ayant sans cesse présent à la pensée le tableau de la vie paisible, rude et solitaire, évoquée par Fleur-de-Marie, la Louve avait pris en horreur sa vie passée.

Se retirer au fond des forêts avec Martial... tel était alors son but unique, son idée fixe, contre laquelle tous ses anciens et mauvais instincts s'étaient en vain révoltés pendant que, séparée de la Goualeuse dont elle avait voulu fuir l'influence croissante, cette femme étrange s'était retirée dans un autre quartier de Saint-Lazare.

Pour opérer cette rapide et sincère conversion, encore assurée, consolidée par la lutte impuissante des habitudes perverses de sa compagne, Fleur-de-Marie, suivant l'impulsion de son naïf bon sens, avait ainsi raisonné :

La Louve, créature violente et résolue, aime passionnément Martial; elle doit donc accueillir avec joie la possibilité de sortir de l'ignominieuse vie dont elle a honte pour la première fois, et de se consacrer tout entière à cet homme rude et sauvage dont elle réfléchit tous les penchants, à cet homme qui recherche la solitude autant par goût qu'afin d'échapper à la réprobation dont sa détestable famille est poursuivie.

Aidée de ces seuls éléments puisés dans son entretien avec la Louve, Fleur-de-Marie, en donnant une louable direction à l'amour farouche et au caractère hardi de cette créature, avait donc changé une fille perdue en honnête femme... Car ne rêver qu'à épouser Martial pour se retirer avec lui au milieu des bois et y vivre de travail et de privations, n'est-ce pas absolument le vœu d'une honnête femme?

Confiante dans l'appui que Fleur-de-Marie lui avait promis au nom d'un bienfaiteur inconnu, la Louve venait donc de faire cette louable proposition à son amant, non sans la crainte amère d'un refus, car la Goualeuse, en l'amenant à rougir du passé, lui avait aussi donné la conscience de sa position envers Martial.

Une fois libre, la Louve ne songea qu'à revoir son *homme,* comme elle disait. Elle n'avait pas reçu de nouvelles de lui depuis plusieurs jours. Dans l'espoir de le rencontrer à l'île du Ravageur, et décidée à l'y attendre s'il ne s'y trouvait pas, elle monta dans un cabriolet de régie qu'elle paya largement, et se fit rapidement conduire au pont d'Asnières, qu'elle traversa environ un quart d'heure avant que madame Séraphin et Fleur-de-Marie, venant à pied depuis la barrière, fussent arrivées sur la grève près du four à plâtre.

Lorsque Martial ne venait pas prendre la Louve dans son bateau pour la mener dans l'île, elle s'adressait à un vieux pêcheur nommé le père Férot qui habitait près du pont.

A quatre heures de l'après-midi, un cabriolet s'arrêta donc à l'entrée d'une petite rue du village d'Asnières. La Louve donna cent sous au cocher, d'un bond fut à terre, et se rendit en hâte à la demeure du père Férot le batelier.

La Louve, ayant quitté ses habits de prison, portait une robe de mérinos vert-foncé, un châle rouge à palmes façon cachemire, et un bonnet de tulle garni de rubans; ses cheveux épais, crépus, étaient à peine lissés. Dans son ardeur impatiente de revoir Martial, elle s'était habillée avec plus de hâte que de soin.

Après une si longue séparation, toute autre

créature eût sans doute pris le temps de se *faire belle* pour cette première entrevue ; mais la Louve se souciait peu de ces délicatesses et de ces lenteurs. Avant tout, elle voulait voir son *homme* le plus tôt possible, désir impétueux, non-seulement causé par un de ces amours passionnés qui exaltent quelquefois ces créatures jusqu'à la frénésie, mais encore par le besoin de confier à Martial la résolution salutaire qu'elle avait puisée dans son entretien avec Fleur-de-Marie.

La Louve arriva bientôt à la maison du pêcheur.

Assis devant sa porte, le père Férot, vieillard à cheveux blancs, raccommodait ses filets.

Du plus loin qu'elle l'aperçut, la Louve s'écria :

— Votre bateau... père Férot... vite... vite !..

— Ah ! c'est vous, mademoiselle ; bien le bonjour... Il y a long-temps qu'on ne vous a vue par ici.

— Oui, mais votre bateau... vite... et à l'île !..

— Ah bien ! c'est comme un sort, ma brave fille, impossible pour aujourd'hui.

— Comment?

— Mon garçon a pris mon bachot pour s'en aller à Saint-Ouen avec les autres jouter à la rame... Il ne reste pas un bateau sur toute la rive d'ici jusqu'à la gare...

— Mordieu! — s'écria la Louve en frappant du pied et en serrant les poings — c'est fait pour moi!

— Vrai! foi de père Férot... je suis bien fâché de ne pas pouvoir vous conduire à l'île... car sans doute qu'il est encore plus mal...

— Plus mal?.. qui?

— Martial...

— Martial!!! — s'écria la Louve en saisissant le père Férot au collet — mon homme est malade?

— Vous ne le savez pas?

— Martial!!!

— Sans doute; mais vous allez déchirer ma blouse... tenez-vous donc tranquille.

— Il est malade!.. Et depuis quand?

— Depuis deux ou trois jours.

— C'est faux! il me l'aurait écrit.

— Ah bien oui! il est trop malade pour écrire!..

— Trop malade pour écrire?.. Et il est à l'île! vous en êtes sûr?

— Je vas vous dire... Figurez-vous que ce matin j'ai rencontré la veuve Martial... Ordinairement, quand je la vois d'un côté, vous entendez bien, je m'en vas de l'autre... car je n'aime pas sa société... alors...

— Mais mon homme... mon homme, où est-il?..

—Attendez donc...Me trouvant avec sa mère entre quatre-z-yeux, je n'ai pas osé éviter de lui parler; elle a l'air si mauvais, que j'en ai toujours peur... c'est plus fort que moi... —Voilà deux jours que je n'ai vu votre Martial, que je lui dis; il est donc parti en ville?.. Là-dessus elle me regarde avec des yeux... mais des yeux... qui m'auraient tué s'ils avaient été des pistolets, comme dit cet autre.

— Vous me faites bouillir..... Après?... après?...

Le père Férot garda un moment le silence, puis reprit:

— Tenez, vous êtes une bonne fille, promettez-moi le secret, et je vous dirai toute la chose... comme je la sais...

— Sur mon homme?

— Oui... car, voyez-vous, Martial est bon enfant, quoique mauvaise tête; et s'il lui arrivait malheur par sa vieille scélérate de mère ou par son gueux de frère, ça serait dommage...

— Mais que se passe-t-il?.. Qu'est-ce que sa mère et son frère lui ont fait?... où est-il?... hein?.. parlez donc! mais parlez donc!..

— Allons, bon, vous voilà encore après ma blouse!.. Lâchez-moi donc!.. Si vous m'interrompez toujours en me détruisant mes effets, je ne pourrai jamais finir et vous ne saurez rien.

— Oh! quelle patience! — s'écria la Louve en frappant des pieds avec colère.

— Vous ne répéterez à personne ce que je vous raconte?

— Non, non, non!

— Parole d'honneur?

— Père Férot, vous allez me donner un coup de sang...

— Oh! quelle fille! quelle fille!.. a-t-elle une mauvaise tête! Voyons, m'y voilà. D'abord il faut vous dire que Martial est de plus en plus en bisbille avec sa famille... et qu'ils lui feraient quelque mauvais coup que cela ne m'étonnerait pas... C'est pour ça que je suis fâché de ne pas avoir mon bachot, car si vous comptez sur ceux de l'île pour y aller... vous avez tort... Ce n'est pas Nicolas ou cette vilaine Calebasse qui vous y conduiraient...

— Je le sais bien... Mais que vous a dit la mère de mon homme? C'est donc à l'île qu'il est tombé malade?

— Ne m'embrouillez pas ; voilà ce que c'est : ce matin je dis à la veuve : — Il y a deux jours que je n'ai vu Martial, son bachot est au pieu... il est donc en ville? — Là-dessus la veuve me regarde d'un air méchant : — *Il est malade à l'île, et si malade qu'il n'en reviendra pas.* — Je me dis à part moi : Comment que ça se fait? Il y a trois jours que... Eh bien! quoi!... — dit le père Férot en s'interrompant ; — eh bien! où allez-vous?... Où diable court-elle à présent?...

Croyant la vie de Martial menacée par les habitants de l'île, la Louve, éperdue de frayeur, transportée de rage, n'écoutant pas davantage le pêcheur, s'était encourue le long de la Seine.

Quelques détails *topographiques* sont indispensables à l'intelligence de la scène suivante.

L'île du Ravageur se rapprochait plus de la rive gauche de la rivière que de la rive droite, où Fleur-de-Marie et madame Séraphin s'étaient embarquées.

La Louve se trouvait sur la rive gauche.

Sans être très-escarpée, la hauteur des terres de l'île masquait dans toute sa longueur la vue d'une rive sur l'autre. Ainsi la maîtresse de Martial n'avait pas pu voir l'embarquement de la Goualeuse, et la famille du ravageur n'avait pu voir la Louve accourant à ce moment même le long de la rive opposée.

Rappelons enfin au lecteur que la maison de campagne du docteur Griffon, où habitait temporairement le comte de Saint-Remy, s'élevait à mi-côte et près de la plage où la Louve arrivait éperdue.

Elle passa, sans les voir, auprès de deux personnes qui, frappées de son air hagard, se retournèrent pour la suivre de loin... Ces deux personnes étaient le comte de Saint-Remy et le docteur Griffon.

Le premier mouvement de la Louve en apprenant le péril de son amant avait été de courir impétueusement vers l'endroit où elle le savait en danger. Mais à mesure qu'elle approchait de l'île, elle songeait à la difficulté d'y aborder. Ainsi que le lui avait dit le vieux pêcheur, elle ne devait compter sur aucun bateau étranger, et personne de la famille Martial ne voudrait la venir chercher.

Haletante, le teint empourpré, le regard étincelant, elle s'arrêta donc en face de la pointe de l'île qui, formant une courbe dans cet endroit, se rapprochait assez du rivage.

A travers les branches effeuillées des saules et des peupliers, la Louve aperçut le toit de la maison où Martial se mourait peut-être...

A cette vue, poussant un gémissement farouche, elle arracha son châle, son bonnet, laissa glisser sa robe jusqu'à ses pieds, ne garda que son jupon, se jeta intrépidement dans la rivière, y marcha tant qu'elle eut pied, puis, le perdant, elle se mit à nager vigoureusement vers l'île...

Ce fut un spectacle d'une énergie sauvage...

A chaque brassée, l'épaisse et longue chevelure de la Louve, dénouée par la violence de ses mouvements, frémissait autour de sa tête comme une crinière brune à reflets cuivrés.

Sans l'ardente fixité de ses yeux incessamment attachés sur la maison de Martial, sans la contraction de ses traits crispés par de terribles angoisses, on aurait cru que la maîtresse du braconnier se jouait dans l'onde, tant cette femme nageait librement, fièrement. Tatoués en souvenir de son amant, ses bras blancs et nerveux, d'une vigueur toute virile, fendaient l'eau qui rejaillissait et roulait en perles humides sur ses larges épaules, sur sa robuste et ferme poitrine qui ruisselait comme un marbre à demi submergé.

Tout à coup, de l'autre côté de l'île... retentit un cri de détresse... un cri d'agonie terrible, désespéré...

La Louve tressaillit et s'arrêta court...

Puis se soutenant sur l'eau d'une main, de

l'autre elle rejeta en arrière son épaisse chevelure, et écouta...

Un nouveau cri se fit entendre... mais plus faible... mais suppliant, convulsif... expirant...

Et tout retomba dans un profond silence...

— Mon homme!!! — cria la Louve en se remettant à nager avec fureur.

Dans son trouble, elle avait cru reconnaître la voix de Martial.

Le comte et le docteur, auprès desquels la Louve était passée en courant, n'avaient pu la suivre d'assez près pour s'opposer à sa témérité.

Ils arrivèrent en face de l'île au moment où venaient de retentir les deux cris effrayants.

Ils s'arrêtèrent aussi épouvantés que la Louve...

Voyant celle-ci lutter intrépidement contre le courant, ils s'écrièrent :

— La malheureuse va se noyer!

Ces craintes furent vaines.

La maîtresse de Martial nageait comme une loutre; en quelques brassées, l'intrépide créature aborda.

Elle avait pris pied, et s'aidait, pour sortir

de l'eau, d'un des pieux qui formaient à l'extrémité de l'île une sorte d'estacade avancée, lorsque tout à coup, le long de ces pilotis, emportée par le courant... passa lentement le corps d'une jeune fille vêtue en paysanne... ses vêtements la soutenaient encore sur l'eau.

Se cramponner d'une main à l'un des pieux, de l'autre saisir brusquement au passage la femme par sa robe, tel fut le mouvement de la Louve, mouvement aussi rapide que la pensée.

Seulement elle attira si violemment à elle et en dedans du pilotis la malheureuse qu'elle sauvait, que celle-ci disparut un instant sous l'eau, quoiqu'il y eût pied à cet endroit.

Douée d'une force et d'une adresse peu communes, la Louve souleva la Goualeuse (c'était elle) qu'elle n'avait pas encore reconnue, la prit entre ses bras robustes comme on prend un enfant, fit encore quelques pas dans la rivière, et la déposa enfin sur la berge gazonnée de l'île.

—Courage!... courage!...—lui cria M. de Saint-Remy, témoin comme le docteur Griffon de ce hardi sauvetage. — Nous allons passer le pont d'Asnières et venir à votre secours avec un bateau.

Puis tous deux se dirigèrent en hâte vers le pont.

Ces paroles n'arrivèrent pas jusqu'à la Louve.

Répétons que de la rive droite de la Seine, où se trouvaient encore Nicolas, Calebasse et sa mère, après leur détestable crime, on ne pouvait absolument voir ce qui se passait de l'autre côté de l'île, grâce à son escarpement.

Fleur-de-Marie, brusquement attirée par la Louve en dedans de l'estacade, ayant un moment plongé pour ne plus reparaître aux yeux de ses meurtriers, ceux-ci durent croire leur victime noyée et engloutie.

Quelques minutes après, le courant emportait un autre cadavre entre deux eaux, sans que la Louve l'aperçût...

C'était le corps de la femme de charge du notaire.

Morte... bien morte, celle-là...

Nicolas et Calebasse avaient autant d'intérêt que Jacques Ferrand à faire disparaître ce témoin, ce complice de leur nouveau crime ;

3.

aussi, lorsque le bateau à soupape s'était enfoncé avec Fleur-de-Marie, Nicolas, s'élançant dans le bachot conduit par sa sœur, et dans lequel se trouvait madame Séraphin, avait imprimé une violente secousse à cette embarcation, et saisi le moment où la femme de charge trébuchait pour la précipiter dans la rivière et l'y achever d'un coup de croc.

. . . . . . . . . . . . . . . . . . . . . . .

Haletante, épuisée, la Louve, agenouillée sur l'herbe à côté de Fleur-de-Marie, reprenait ses forces et examinait les traits de celle qu'elle venait d'arracher à la mort.

Qu'on juge de sa stupeur en reconnaissant sa compagne de prison...

Sa compagne, qui avait eu sur sa destinée une influence si rapide, si bienfaisante....

Dans son saisissement, la Louve un moment oublia Martial.

— La Goualeuse!... s'écria-t-elle.

Et, le corps penché, appuyée sur ses genoux et sur ses mains, la tête échevelée, ses vêtements ruisselant d'eau, elle contemplait la malheureuse enfant étendue, presque expirante sur le gazon. Pâle, inanimée, les yeux demi-ouverts et sans regards, ses beaux cheveux blonds collés à ses tempes, les lèvres bleues, ses petites mains déjà roidies, glacées... on l'eût crue morte

— La Goualeuse !... — répéta la Louve ; — quel hasard ! moi qui venais dire à mon homme le bien et le mal qu'elle m'a fait, avec ses paroles et ses promesses... la résolution que j'avais prise... Pauvre petite, je la retrouve ici, morte... Mais non ! non !... — s'écria la Louve en s'approchant encore plus de Fleur-de-Marie, et sentant un souffle imperceptible s'échapper de sa bouche : — Non !... Mon Dieu, mon Dieu, elle respire encore... je l'ai sauvée de la mort... ça ne m'était jamais arrivé de sauver quelqu'un... Ah !... ça fait du bien... ça réchauffe... Oui, mais mon homme, il faut le sauver aussi, lui... Peut-être qu'il râle à cette heure... Sa mère et son frère sont capables de l'assassiner... Je ne peux pas pourtant laisser là cette pauvre petite... je vais l'emporter chez la veuve; il faudra bien qu'elle la secoure et qu'elle me montre Martial... ou je brise tout, je tue tout... Oh ! il n'y a ni mère, ni sœur, ni frère, qui tiennent quand je sens mon homme là !

Et, se relevant aussitôt, la Louve emporta Fleur-de-Marie dans ses bras.

Chargée de ce léger fardeau, elle courut vers la maison, ne doutant pas que la veuve et sa fille, malgré leur méchanceté, ne donnassent les premiers secours à Fleur-de-Marie.

Lorsque la maîtresse de Martial fut arrivée au point culminant de l'île d'où elle pouvait découvrir les deux rives de la Seine, Nicolas, sa mère et Calebasse s'étaient éloignés...

Certains de l'accomplissement de leur double meurtre, ils se rendaient alors en toute hâte chez Bras-Rouge.

A ce moment aussi un homme qui, embusqué dans un des renfoncements du rivage cachés par le four à plâtre, avait invisiblement assisté à cette horrible scène, disparaissait, croyant, ainsi que les meurtriers, le crime exécuté...

Cet homme était Jacques Ferrand.

Un des bateaux de Nicolas se balançait amarré à un pieu du rivage, à l'endroit où s'étaient embarquées la Goualeuse et madame Séraphin.

A peine Jacques Ferrand quittait-il le four à plâtre pour regagner Paris, que M. de Saint-Remy et le docteur Griffon passaient en hâte le pont d'Asnières, accourant vers l'île, comptant s'y rendre à l'aide du bâteau de Nicolas qu'ils avaient aperçu de loin.

A sa grande surprise, en arrivant auprès de la maison des ravageurs, la Louve trouva la porte fermée.

Déposant sous la tonnelle Fleur-de-Marie toujours évanouie, elle s'approcha de la maison... elle connaissait la croisée de la chambre de Martial... quelle fut sa surprise de voir les volets de cette fenêtre couverts de plaques de tôle, et assujettis au dehors par deux barres de fer !

Devinant une partie de la vérité, la Louve poussa un cri rauque retentissant, et se mit à appeler de toutes ses forces :

— Martial !... mon homme !...

Rien ne lui répondit.

Épouvantée de ce silence, la Louve se mit à tourner... à tourner autour du logis comme une bête sauvage qui flaire et cherche en rugissant l'entrée de la tanière où est enfermé son mâle.

De temps en temps, elle criait :

— Mon homme, es-tu là ? mon homme !!

Et, dans sa rage, elle ébranlait les barreaux de la fenêtre de la cuisine... elle frappait la muraille... elle heurtait à la porte...

Tout à coup un bruit sourd lui répondit de l'intérieur de la maison.

La Louve tressaillit... écouta...

Le bruit cessa.

— Mon homme m'a entendue... il faut que j'entre... quand je devrais ronger la porte avec mes dents !

Et elle se mit à pousser de nouveau son cri sauvage.

Plusieurs coups frappés, mais faiblement, à l'intérieur des volets de Martial, répondirent aux hurlements de la Louve.

— Il est là ! s'écria-t-elle en s'arrêtant brusquement sous la fenêtre de son amant.

— Il est là ! S'il le faut, j'arracherai la tôle avec mes ongles... mais j'ouvrirai ces volets !

Ce disant, elle avisa une grande échelle à demi engagée derrière un des contrevents de la salle basse; en attirant violemment ce contrevent à elle, la Louve fit tomber la clef cachée par la veuve sur le bord de la croisée.

— Si elle ouvre — dit la Louve en essayant la clef dans la serrure de la porte d'entrée — je pourrai monter à sa chambre... Ça ouvre! s'écria-t-elle avec joie; — mon homme est sauvé!

Une fois dans la cuisine, elle fut frappée des cris des deux enfants qui, renfermés dans le caveau et entendant un bruit extraordinaire, appelaient à leur secours.

La veuve, croyant que personne ne viendrait dans l'île ou dans la maison pendant son absence, s'était contentée d'enfermer François et Amandine à double tour, laissant la clef à la serrure.

Mis en liberté par la Louve, le frère et la sœur sortirent précipitamment du caveau.

— Oh! la Louve, sauvez mon frère Martial, ils veulent le faire mourir! — s'écria François; — depuis deux jours ils l'ont muré dans sa chambre.

— Ils ne lui ont pas fait de blessures?

— Non, non, je ne crois pas...

— J'arrive à temps! — s'écria la Louve en courant à l'escalier; puis s'arrêtant après avoir gravi quelques marches :

— Et la Goualeuse que j'oublie! — dit-elle. — Amandine... du feu tout de suite... toi et ton frère, apportez ici près de la cheminée une pauvre fille qui se noyait; je l'ai sauvée... Elle est là sous la tonnelle... François, un merlin... une hache... une barre de fer, que j'enfonce la porte de mon homme!

— Il y a là le merlin à fendre le bois, mais c'est trop lourd pour vous — dit le jeune garçon en traînant avec peine un énorme marteau.

— Trop lourd! — s'écria la Louve, et elle enleva sans peine cette masse de fer qu'en toute autre circonstance elle eût peut-être difficilement soulevée.

Puis, montant l'escalier *quatre à quatre*, elle répéta aux deux enfants :

— Courez chercher la jeune fille et approchez-la du feu...

En deux bonds la Louve fut au fond du corridor, à la porte de Martial.

— Courage, mon homme; voilà ta Louve! — s'écria-t-elle; et levant le marteau à deux mains, d'un coup furieux elle ébranla la porte.

— Elle est clouée en dehors... Arrache les clous — s'écria Martial d'une voix faible.

Se jetant aussitôt à genoux dans le corridor, à l'aide du bec du merlin et de ses ongles qu'elle meurtrit, de ses doigts qu'elle déchira, la Louve parvint à arracher du plancher et du chambranle plusieurs clous énormes qui condamnaient la porte.

Enfin cette porte s'ouvrit.

Martial, pâle, les mains ensanglantées, tomba presque sans mouvement dans les bras de la Louve.

## CHAPITRE III.

LA LOUVE ET MARTIAL.

— Enfin... je te vois... je te tiens... je *t'ai*... — s'écria la Louve en recevant et en serrant Martial dans ses bras, avec un accent de possession et de joie d'une énergie sauvage; puis le soutenant, le portant presque, elle l'aida à s'asseoir sur un banc placé dans le corridor.

Pendant quelques minutes Martial resta faible, hagard, cherchant à se remettre de cette violente secousse qui avait épuisé ses forces défaillantes.

La Louve sauvait son amant au moment où anéanti, désespéré, il se sentait mourir, moins encore par le manque d'aliments que par la privation d'air, impossible à renouveler dans une petite chambre sans cheminée, sans issue et hermétiquement fermée, grâce à l'atroce prévoyance de Calebasse, qui avait bouché avec de vieux linges jusqu'aux moindres fissures de la porte et de la croisée.

Palpitante de bonheur et d'angoisse, les yeux mouillés de pleurs, la Louve, à genoux, épiait les moindres mouvements de la physionomie de Martial.

Celui-ci semblait peu à peu renaître en aspirant à longs traits un air pur et salubre.

Après quelques tressaillements, il releva sa tête appesantie, poussa un long soupir et ouvrit les yeux.

— Martial... c'est moi... c'est ta Louve!... comment vas-tu?...

— Mieux... — répondit-il d'une voix faible.

— Mon Dieu... qu'est-ce que tu veux? de l'eau, du vinaigre?...

— Non, non... — reprit Martial de moins en moins oppressé. — De l'air... oh! de l'air... rien que de l'air!...

La Louve, au risque de se couper les poings, brisa les quatre carreaux d'une fenêtre qu'elle n'aurait pu ouvrir sans déranger une lourde table.

— Je respire maintenant... je respire... ma tête se dégage... — dit Martial en revenant tout à fait à lui.

Puis, comme s'il se fût alors seulement rappelé le service que sa maîtresse lui avait rendu, il s'écria avec une explosion de reconnaissance ineffable :

— Sans toi, j'étais mort, ma brave Louve...

— Bien, bien... comment te trouves-tu à cette heure?

— De mieux en mieux...

— Tu as faim?

— Non, je me sens trop faible... Ce qui m'a fait le plus souffrir, c'était le manque d'air. A la fin, j'étouffais... j'étouffais... c'était affreux.

— Et maintenant?

— Je revis... je sors du tombeau... et j'en sors... grâce à toi!

— Mais tes mains... tes pauvres mains!... ces coupures!.. Qu'est-ce qu'ils t'ont donc fait, mon Dieu?...

— Nicolas et Calebasse, n'osant pas m'attaquer en face une seconde fois, m'avaient muré dans ma chambre pour m'y laisser mourir de faim... J'ai voulu les empêcher de clouer mes volets... ma sœur m'a coupé les mains à coups de hachette!!

— Les monstres! ils voulaient faire croire que tu étais mort de maladie; ta mère avait déjà répandu le bruit que tu te trouvais dans un état désespéré... Ta mère... mon homme... ta mère!!

— Tiens, ne me parle pas d'elle... — dit Martial avec amertume; puis, remarquant pour la première fois les vêtements mouillés et l'étrange accoutrement de la Louve, il s'écria : — Que t'est-il arrivé?... tes cheveux ruissellent... tu es en jupon... il est trempé d'eau?

— Qu'importe!... enfin... te voilà sauvé... sauvé!!

— Mais explique-moi pourquoi tu es ainsi mouillée...

—Je te savais en danger... je n'ai pas trouvé de bateau...

— Et tu es venue à la nage?

— Oui... mais tes mains... donne que je les baise... tu souffres... les monstres!... Et je n'étais pas là!

— Oh! ma brave Louve — s'écria Martial

avec enthousiasme — brave entre toutes les créatures braves!

— N'as-tu pas écrit là : *Mort aux lâches?*

Et la Louve montra son bras tatoué, où étaient écrits ces mots en caractères indélébiles.

— Intrépide... va... Mais le froid t'a saisie... tu trembles...

— Ça n'est pas de froid...

— C'est égal. Entre là... tu prendras le manteau de Calebasse, tu t'envelopperas dedans.

— Mais...

— Je le veux...

En une seconde la Louve fut enveloppée d'un manteau de tartan et revint.

— Pour moi... risquer de te noyer!... — répéta Martial en la regardant avec exaltation.

— Au contraire.... une pauvre fille se noyait... je l'ai sauvée... en abordant à l'île...

— Tu l'as sauvée... aussi? Où est-elle?

— En bas, avec les enfants... ils la soignent.

— Et qui est cette jeune fille?

— Mon Dieu! si tu savais quel hasard... quel heureux hasard!.. C'est une de mes compagnes de Saint-Lazare... Une fille bien extraordinaire... va...

— Comment cela?

— Figure-toi que je l'aimais et que je la haïssais, parce qu'elle m'avait mis à la fois la mort et le bonheur dans l'âme...

— Elle?...

— Oui.... à propos de toi.

— De moi?

— Écoute... Martial... — Puis s'interrompant, la Louve ajouta : — Tiens... non, non... je n'oserai jamais...

— Quoi donc?

— Je voulais te faire une demande... J'étais venue pour te voir et pour cela... car, en partant de Paris, je ne te savais pas en danger.

— Eh bien!.. dis.

— Je n'ose plus...

— Tu n'oses plus... après ce que tu viens de faire pour moi!

— Justement... J'aurais l'air de quémander du retour!..

— Quémander du retour! Est-ce que je ne t'en dois pas? Est-ce que tu ne m'as pas déjà soigné nuit et jour dans ma maladie l'an passé?

— Est-ce que tu n'es pas mon homme?

— Aussi tu dois me parler franchement, parce que je suis ton homme... et que je le serai toujours.

— Toujours... Martial?

— Toujours... vrai commé je m'appelle Martial... Pour moi, il n'y aura plus dans le monde d'autre femme que toi, vois-tu, la Louve... Que tu aies été ceci ou cela... tant pis... ça me regarde... je t'aime... tu m'aimes... et je te dois la vie... Seulement... depuis que tu es en prison... je ne suis plus le même... Il y a eu bien du nouveau... j'ai réfléchi... et tu ne seras plus ce que tu as été...

— Que veux-tu dire?

— Je ne veux plus te quitter maintenant... mais je ne veux pas non plus quitter François et Amandine...

— Ton petit frère et ta petite sœur?

— Oui; d'aujourd'hui il faut que je sois pour eux comme qui dirait leur père... Tu comprends, ça me donne des devoirs... ça me range... je suis obligé de me charger d'eux... On voulait en faire des brigands finis... pour les sauver... je les emmène...

— Où ça?

— Je n'en sais rien... mais, pour sûr, loin de Paris...

— Et moi?...

— Toi? Je t'emmène aussi...

— Tu m'emmènes?... — s'écria la Louve avec une stupeur joyeuse. — Elle ne pouvait croire à un tel bonheur. — Je ne te quitterai pas?

— Non... ma brave Louve, jamais... Tu m'aideras à élever ces enfants... Je te connais... en te disant : Je veux que ma pauvre petite Amandine soit une honnête fille... parle-lui dans *ces prix-là*... je sais ce que tu seras pour elle... une brave mère...

— Oh! merci, Martial... merci!..

— Nous vivrons en honnêtes ouvriers; sois tranquille, nous trouverons de l'ouvrage, nous travaillerons comme des nègres... Mais au moins ces enfants ne seront pas des gueux comme père et mère... je ne m'entendrai plus appeler fils et frère de guillotinés... enfin je ne passerai plus dans les rues... où l'on te connaît... Mais qu'est-ce que tu as?.. qu'est-ce que tu as?..

— Martial... j'ai peur de devenir folle...
— Folle?
— Folle de joie.
— Pourquoi?
— Parce que, vois-tu... c'est trop!
— Quoi?..
— Ce que tu me demandes là... Oh non! vois-tu, c'est trop... A moins que d'avoir sauvé la Goualeuse ça m'ait porté bonheur... c'est ça pour sûr...
— Mais, encore une fois, qu'est-ce que tu as?
— Ce que tu me demandes là... oh! Martial!.. Martial!..
— Eh bien?
— Je venais te le demander!..
— De quitter Paris?...
— Oui... — reprit-elle précipitamment — d'aller avec toi dans les bois... où nous aurions une petite maison bien propre, des enfants que j'aimerais! oh! que jaimerais! comme ta Louve aimerait les enfants de son homme! ou plutôt si tu le voulais — dit la Louve en tremblant — au lieu de t'appeler mon homme... je t'appellerais mon mari... car

nous n'aurions pas la place sans cela — se hâta-t-elle d'ajouter vivement.

Martial à son tour regarda la Louve avec étonnement, ne comprenant rien à ces paroles.

— De quelle place parles-tu?

— D'une place de garde-chasse...

— Que j'aurais?

— Oui...

— Et qui me la donnerait?

— Les protecteurs de la jeune fille que j'ai sauvée.

— Ils ne me connaissent pas!

— Mais, moi, je lui ai parlé de toi... et elle nous recommandera à ses protecteurs...

— Et à propos de quoi lui as-tu parlé de moi?

— De quoi veux-tu que je parle?

— Bonne Louve...

— Et puis, tu conçois, en prison la confiance vient; et cette jeunesse était si gentille, si douce, que malgré moi je me suis sentie attirée vers elle; j'ai tout de suite comme deviné qu'elle n'était pas des nôtres.

— Qui est-elle donc?

— Je n'en sais rien, je n'y comprends rien, mais de ma vie je n'ai rien vu, rien entendu de semblable; c'est comme une fée pour lire ce qu'on a dans le cœur; quand je lui ai eu dit combien je t'aimais, rien que pour cela, elle s'est intéressée à nous...... Elle m'a fait honte de ma vie passée, non en me disant des choses dures, tu sais comme ça aurait pris avec moi, mais en me parlant d'une vie bien laborieuse, bien pénible, mais tranquillement passée avec toi selon ton goût, au fond des forêts. Seulement, dans son idée, au lieu d'être braconnier... tu étais garde-chasse; au lieu d'être ta maîtresse... j'étais ta vraie femme, et puis nous avions de beaux enfants qui couraient au-devant de toi quand le soir tu revenais de tes rondes avec tes chiens, ton fusil sur l'épaule; et puis nous soupions à la porte de notre cabane, au frais de la nuit, sous des grands arbres; et puis nous nous couchions si heureux, si paisibles... Qu'est-ce que tu veux que je te dise?.. malgré moi je l'écoutais... c'était comme un charme. Si tu savais... elle parlait si bien, si bien... que... tout ce qu'elle disait, je croyais le voir à mesure; je rêvais tout éveillée.

— Ah! oui! c'est ça qui serait une belle et bonne vie — dit Martial en soupirant à son tour. — Sans être tout à fait malsain de cœur, ce pauvre François a assez fréquenté Calebasse et Nicolas pour que le bon air des bois lui vaille mieux que l'air des villes... Amandine t'aiderait au ménage; je serais aussi bon garde que pas un, vu que j'ai été fameux braconnier... Je t'aurais pour ménagère, ma brave Louve... et puis, comme tu dis, avec des enfants... qu'est-ce qui nous manquerait?.. Une fois qu'on est habitué à sa forêt, on y est comme chez soi; on y vivrait cent ans, que ça passerait comme un jour... Mais, voyons, je suis fou. Tiens, il ne fallait pas me parler de cette belle vie-là... ça donne des regrets, voilà tout.

— Je te laissais aller... parce que tu dis là ce que je disais à la Goualeuse.

— Comment?

— Oui, en écoutant ces contes de fée, je lui disais : Quel malheur que ces châteaux en Espagne, comme vous appelez ça, la Goualeuse, ne soient pas la vérité! Sais-tu ce qu'elle m'a répondu, Martial? — dit la Louve, les yeux étincelants de joie.

— Non !

— « Que Martial vous épouse, promettez de vivre honnêtement tous deux, et cette place, qui vous fait tant d'envie, je me fais fort de la lui faire obtenir en sortant de prison, » m'a-t-elle répondu.

— A moi, une place de garde?

— Oui... à toi...

— Mais tu as raison, c'est un rêve. S'il ne fallait que t'épouser pour avoir cette place, ma brave Louve, ça serait fait demain, si j'avais de quoi; car depuis aujourd'hui, vois-tu... tu es ma femme... ma vraie femme.

— Martial... je suis ta vraie femme?..

— Ma vraie, ma seule, et je veux que tu m'appelles ton mari... c'est comme si le maire y avait passé.

— Oh! la Goualeuse avait raison... c'est fier à dire, *mon mari!* Martial... tu verras ta Louve au ménage, au travail, tu la verras...

— Mais cette place... est-ce que tu crois?..

— Pauvre petite Goualeuse, si elle se trompe... c'est sur les autres; car elle avait l'air de bien croire à ce qu'elle me disait... D'ailleurs, tantôt, en quittant la prison, l'inspectrice m'a dit que les protecteurs de la Goualeuse, gens très-haut placés, l'avaient fait sortir aujourd'hui même; ça prouve qu'elle a des bienfaiteurs puissants, et qu'elle pourra tenir ce qu'elle m'a promis.

— Ah! — s'écria tout à coup Martial en se levant — je ne sais pas à quoi nous pensons.

— Quoi donc?

— Cette jeune fille... elle est en bas, mourante peut-être... et au lieu de la secourir... nous sommes là...

— Rassure-toi, François et Amandine sont auprès d'elle; ils seraient montés s'il y avait eu plus de danger. Mais tu as raison, allons la retrouver; il faut que tu la voies, celle à qui nous devrons peut-être notre bonheur.

Et Martial, s'appuyant sur le bras de la Louve, descendit au rez-de-chaussée.

Avant de les introduire dans la cuisine, disons ce qui s'était passé depuis que Fleur-de-Marie avait été confiée aux soins des deux enfants.

## CHAPITRE IV.

LE DOCTEUR GRIFFON.

François et Amandine, venaient de transporter Fleur-de-Marie près du feu de la cuisine, lorsque M. de Saint-Remy et le docteur Griffon, qui avaient abordé au moyen du bateau de Nicolas, entrèrent dans la maison.

Pendant que les enfants ranimaient le foyer et y jetaient quelques fagots de peuplier, qui, bientôt embrasés, répandirent une vive flamme, le docteur Griffon donnait à la jeune fille les soins les plus empressés.

— La malheureuse enfant a dix-sept ans à peine! — s'écria le comte profondément attendri. Puis s'adressant au docteur:

— Eh bien, mon ami?

— On sent à peine les battements du pouls;

mais, chose singulière, la peau de la face n'est pas colorée en bleu chez *ce sujet*, comme cela arrive ordinairement après une asphyxie par submersion — répondit le docteur avec un sang-froid imperturbable, en considérant Fleur-de-Marie d'un air profondément méditatif.

Le docteur Griffon était un grand homme maigre, pâle et complétement chauve, sauf deux touffes de rares cheveux noirs soigneusement ramenés de derrière la nuque et aplatis sur ses tempes; sa physionomie creusée, sillonnée par les fatigues de l'étude, était froide, intelligente et réfléchie.

D'un savoir immense, d'une expérience consommée, praticien habile et renommé, médecin en chef d'un hospice civil (où nous le retrouverons plus tard), le docteur Griffon n'avait qu'un défaut, celui de faire, si cela se peut dire, complétement abstraction du malade et de ne s'occuper que de la maladie : jeune ou vieux, femme ou homme, riche ou pauvre, peu lui importait; il ne songeait qu'au fait médical plus ou moins curieux ou intéressant, au point de vue scientifique que lui offrait *le sujet*.

Il n'y avait pour lui que des *sujets*.

— Quelle figure charmante!.. combien elle est belle encore, malgré cette effrayante pâleur! — dit M. de Saint-Remy en contemplant Fleur-de-Marie avec tristesse. — Avez-vous jamais vu des traits plus doux, plus candides, mon cher docteur?.. Et si jeune... si jeune!..

— L'âge ne signifie rien — dit brusquement le médecin — pas plus que la présence de l'eau dans les poumons, que l'on croyait autrefois mortelle... On se trompait grossièrement; les admirables expériences de Goodwin... du fameux Goodwin, l'ont prouvé de reste.

— Mais docteur...

— Mais c'est un fait... — répliqua M. Griffon, absorbé par l'amour de son art. — Pour reconnaître la présence d'un liquide étranger dans les poumons, Goodwin a plongé plusieurs fois des chats et des chiens dans des baquets d'encre pendant quelques secondes, les en a retirés vivants, et a disséqué mes gaillards quelque temps après... Eh bien! il s'est convaincu par la dissection que l'encre avait pénétré dans les poumons, et que la présence de ce liquide dans les organes de la respiration n'avait pas causé la mort des sujets.

Le comte connaissait le médecin, excellent homme au fond, mais que sa passion effrénée pour la science faisait souvent paraître dur, presque cruel.

— Avez-vous au moins quelque espoir? — lui demanda M. de Saint-Remy avec impatience.

— Les extrémités du sujet sont bien froides — dit le médecin — il reste peu d'espoir.

— Ah! mourir à cet âge... malheureuse enfant!... c'est affreux!...

— Pupille fixe... dilatée... — reprit le docteur impassible en soulevant du bout du doigt la paupière glacée de Fleur-de-Marie.

— Homme étrange! — s'écria le comte presque avec indignation — on vous croirait impitoyable, et je vous ai vu veiller, auprès de mon lit, des nuits entières... J'eusse été votre frère, que vous n'eussiez pas été pour moi plus admirablement dévoué.

Le docteur Griffon, tout en s'occupant de

secourir Fleur-de-Marie, répondit au comte sans le regarder et avec un flegme imperturbable :

— Parbleu, si vous croyez qu'on rencontre tous les jours une fièvre ataxique aussi merveilleusement bien compliquée, aussi curieuse à étudier que celle que vous aviez? C'était admirable... mon bon ami, admirable! Stupeur, délire, soubresauts des tendons, syncopes ; elle réunissait les symptômes les plus variés, votre *chère* fièvre; vous avez même été, chose rare, très-rare et éminemment intéressant... vous avez même été affecté d'un état partiel et momentané de paralysie, s'il vous plaît... Rien que pour ce fait, votre maladie avait droit à tout mon dévouement; vous m'offriez une magnifique étude; car, franchement, mon cher ami, tout ce que je désire au monde, c'est de rencontrer encore une aussi belle fièvre... mais on n'a pas ce bonheur-là deux fois.

Le comte haussa les épaules avec impatience.

Ce fut à ce moment que Martial descendit, appuyé sur le bras de la Louve, qui avait mis, on le sait, par-dessus ses vêtements mouillés un manteau de tartan appartenant à Calebasse.

Frappé de la pâleur de l'amant de la Louve, et remarquant ses mains couvertes de sang caillé, le comte s'écria :

— Quel est cet homme ?...

— *Mon mari...* — répondit la Louve en regardant Martial avec une expression de bonheur et de noble fierté impossible à rendre.

— Vous avez une bonne et intrépide femme, monsieur — lui dit le comte ; — je l'ai vue sauver cette malheureuse enfant avec un rare courage.

— Oh oui! monsieur, elle est bonne et intrépide, *ma femme* — répondit Martial en appuyant sur ces derniers mots, et en contemplant à son tour la Louve d'un air à la fois attendri et passionné. — Oui, intrépide!... car elle vient de me sauver aussi la vie...

— A vous? — dit le comte étonné.

— Voyez ses mains... ses pauvres mains !... — dit la Louve en essuyant les larmes qui adoucissaient l'éclat sauvage de ses yeux.

— Ah! c'est horrible! — s'écria le comte

— ce malheureux a les mains hachés... Voyez donc, docteur...

Détournant légèrement la tête et regardant par-dessus son épaule les plaies nombreuses que Calebasse avait faites aux mains de Martial, le docteur Griffon dit à ce dernier :

— Ouvrez et fermez la main.

Martial exécuta ce mouvement avec assez de peine.

Le docteur haussa les épaules, continua de s'occuper de Fleur-de-Marie, et dit dédaigneusement, comme à regret :

— Ces blessures n'ont absolument rien de grave... il n'y a aucun tendon de lésé ; dans huit jours, le sujet pourra se servir de ses mains.

— Vrai, monsieur, mon *mari* ne sera pas estropié ? — s'écria la Louve avec reconnaissance.

Le docteur secoua la tête négativement.

— Et la Goualeuse, monsieur ? elle vivra, n'est-ce pas ? — demanda la Louve. — Oh ! il faut qu'elle vive, moi et mon mari nous lui devons tant!... — Puis se retournant vers Martial : — Pauvre petite... la voilà celle dont je te parlais... c'est elle pourtant qui sera peut-être la cause de notre bonheur; c'est elle qui m'a donné l'idée de venir à toi te dire tout ce que je t'ai dit... Vois donc le hasard qui fait que je la sauve... et ici encore!...

— C'est notre Providence... — dit Martial frappé de la beauté de la Goualeuse. — Quelle figure d'ange!... oh! elle vivra, n'est-ce pas, monsieur le docteur?

— Je n'en sais rien — dit le docteur; — mais d'abord peut-elle rester ici? aura-t-elle les soins nécessaires?

— Ici! — s'écria la Louve — mais on assassine ici!

— Tais-toi! tais-toi — dit Martial.

Le comte et le docteur regardèrent la Louve avec surprise.

— La maison de l'île est mal famée dans le pays... cela ne m'étonne guère — dit à demi-voix le médecin à M. de Saint-Remy.

— Vous avez donc été victime de violences? — demanda le comte à Martial. — Ces blessures, qui vous les a faites?

— Ce n'est rien, monsieur... j'ai eu ici une

dispute... une batterie s'en est suivie... et j'ai été blessé... Mais cette jeune paysanne ne peut pas rester dans la maison — ajouta-t-il d'un air sombre — je n'y reste pas moi-même... ni ma femme... ni mon frère, ni ma sœur que voilà... nous allons quitter l'île pour n'y plus jamais revenir.

— Oh! quel bonheur! — s'écrièrent les deux enfants.

— Alors, comment faire? — dit le docteur en regardant Fleur-de-Marie. — Il est impossible de songer à transporter le sujet à Paris dans l'état de prostration où il se trouve. Mais au fait, ma maison est à deux pas, ma jardinière et sa fille seront d'excellentes garde-malades... Puisque cette asphyxiée par submersion vous intéresse, vous surveillerez les soins qu'on lui donnera, mon cher Saint-Remy, et je viendrai la voir chaque jour.

— Et vous jouez l'homme dur, impitoyable! — s'écria le comte — lorsque vous avez le cœur le plus généreux, ainsi que le prouve cette proposition...

— Si le sujet succombe, comme cela est possible, il y aura lieu à une autopsie inté-

5.

ressante qui me permettra de confirmer encore une fois les assertions de Goodwin.

— Ce que vous dites est affreux — s'écria le comte.

— Pour qui sait y lire, le cadavre est un livre où l'on apprend à sauver la vie des malades — dit stoïquement le docteur Griffon.

— Enfin vous faites le bien — dit amèrement M. de Saint-Remy — c'est l'important. Qu'importe la cause, pourvu que le bienfait subsiste ! Pauvre enfant, plus je la regarde, plus elle m'intéresse.

— Et elle le mérite, allez, monsieur — reprit la Louve avec exaltation en se rapprochant.

— Vous la connaissez? — s'écria le comte.

— Si je la connais, monsieur? — C'est à elle que je devrai le bonheur de ma vie; en la sauvant, je n'ai pas fait autant pour elle qu'elle a fait pour moi. — Et la Louve regarda passionnément son *mari*, elle ne disait plus *son homme*.

— Et qui est-elle? — demanda le comte.

— Un ange, monsieur, tout ce qu'il y a de meilleur au monde. Oui, et quoiqu'elle soit mise en paysanne, il n'y a pas une bourgeoise, pas une grande dame pour parler aussi bien qu'elle, avec sa petite voix douce comme de la musique. C'est une fière fille, allez, et courageuse, et bonne!

— Par quel accident est-elle donc tombée à l'eau?

— Je ne sais, monsieur.

— Ce n'est donc pas une paysanne? — demanda le comte.

— Une paysanne! regardez donc ces petites mains blanches, monsieur.

— C'est vrai — dit M. de Saint-Remy; — quel singulier mystère!... Mais son nom, sa famille?

— Allons — reprit le docteur en interrompant l'entretien — il faut transporter le sujet dans le bateau.

Une demi-heure après, Fleur-de-Marie, qui n'avait pas encore repris ses sens, était amenée dans la maison du médecin, couchée dans un bon lit, et maternellement veillée par la jardinière de M. Griffon, à laquelle s'adjoignit la Louve.

Le docteur promit à M. de Saint-Remy, de

plus en plus intéressé à la Goualeuse, de revenir le soir même la visiter.

Martial partit pour Paris avec François et Amandine, la Louve n'ayant pas voulu quitter Fleur-de-Marie avant de la voir hors de danger.

L'île du Ravageur resta déserte.

Nous retrouverons bientôt ses sinistres habitants chez Bras-Rouge, où ils doivent se réunir à la Chouette pour le meurtre de la courtière en diamants.

En attendant, nous conduirons le lecteur au rendez-vous que Tom, le frère de Sarah, avait donné à l'horrible mégère complice du Maître d'école.

## CHAPITRE V.

LE PORTRAIT.

...Moitié serpent et moitié chat...
(WOLFRANG, l. II.)

Thomas Seyton, frère de la comtesse Sarah Mac-Grégor, se promenait impatiemment sur l'un des boulevards voisins de l'Observatoire, lorsqu'il vit arriver la Chouette.

L'horrible vieille était coiffée d'un bonnet blanc et enveloppée de son grand tartan rouge ; la pointe d'un stylet rond comme une grosse plume et très-acéré, ayant traversé le fond du large cabas de paille qu'elle portait au bras, on pouvait voir saillir l'extrémité de cette arme homicide qui avait appartenu au Maître d'école.

Thomas Seyton ne s'aperçut pas que la Chouette était armée.

— Trois heures sonnent au Luxembourg — dit la vieille. — J'arrive comme mars en carême... j'espère.

— Venez — lui répondit Thomas Seyton.

Et marchant devant elle, il traversa quelques terrains vagues, entra dans une ruelle déserte située près de la rue *Cassini*, s'arrêta vers le milieu de ce passage barré par un tourniquet, ouvrit une petite porte, fit signe à la Chouette de le suivre, et après avoir fait quelques pas avec elle dans une épaisse allée d'arbres verts, il lui dit :

— Attendez là.

Et il disparut.

— Pourvu qu'il ne me fasse pas droguer trop long-temps — dit la Chouette — il faut que je sois chez Bras-Rouge à cinq heures avec les Martial pour *estourbir* la courtière. A propos de ça, et mon *surin* (1). Ah! le gueux, il a le nez à la fenêtre — ajouta la vieille en voyant la pointe du poignard tra-

(1) Poignard.

verser les tresses de son cabas. — Voilà ce que c'est de ne lui avoir pas mis son bouchon...

Et retirant du cabas le stylet emmanché d'une poignée de bois, elle le plaça de façon à le cacher complétement.

— C'est l'outil de Fourline — reprit-elle. — Est-ce qu'il ne me le demandait pas, censé pour tuer les rats qui viennent lui faire des *risettes* dans sa cave?... Pauvres bêtes! plus souvent... Ils n'ont que le vieux sans yeux pour se divertir et leur tenir compagnie! C'est bien le moins qu'ils le grignotent un peu... Aussi je ne veux pas qu'il leur fasse du mal à ces ratons, et je garde le surin... D'ailleurs j'en aurai besoin tantôt pour la courtière peut-être... trente mille francs de diamants... quelle part à chacun de nous ! La journée sera bonne... c'est pas comme l'autre jour ce brigand de notaire que je croyais rançonner. Ah! bien oui! j'ai eu beau le menacer, s'il ne me donnait pas d'argent, de dénoncer que c'était sa bonne qui m'avait fait remettre la Goualeuse par Tournemine quand elle était toute petite, rien ne l'a effrayé! Il m'a appelée vieille menteuse et m'a mise à la porte... Bon, bon! je ferai écrire une lettre anonyme à ces gens de la ferme où était allée la Pégriotte pour leur apprendre que c'est le notaire qui l'a fait abandonner autrefois... Ils connaissent peut-être sa famille, et quand elle sortira de Saint-Lazare ça chauffera pour ce gredin de Jacques Ferrand... Mais on vient, tiens... c'est la petite dame pâle qui était déguisée en homme au *tapis franc de l'ogresse* avec le grand de tout à l'heure, les mêmes que nous avons volés nous deux Fourline dans les décombres, près Notre-Dame — ajouta la Chouette en voyant Sarah paraître à l'extrémité de l'allée. — C'est encore quelque coup à monter ; ça doit être au compte de cette petite dame-là, que nous avons enlevé la Goualeuse à la ferme. Si elle paie bien, pour du nouveau, ça me chausse encore.

En approchant de la Chouette, qu'elle revoyait pour la première fois depuis la scène du tapis-franc, la physionomie de Sarah exprima ce dédain, ce dégoût que ressentent les gens d'un certain monde, lorsqu'ils sont obligés d'entrer en contact avec les misérables qu'ils prennent pour instruments ou pour complices.

Thomas Seyton, qui jusqu'alors avait activement servi les criminelles machinations de sa sœur, bien qu'il les considérât comme à peu près vaines, s'était refusé de continuer ce misérable rôle, consentant néanmoins à mettre pour la première et pour la dernière fois sa sœur en rapport avec la Chouette, sans vouloir se mêler des nouveaux projets qu'elles allaient ourdir.

N'ayant pu ramener Rodolphe à elle en brisant les liens ou les affections qu'elle lui croyait chers, la comtesse espérait, nous l'avons dit, le rendre dupe d'une indigne fourberie, dont le succès pouvait réaliser le rêve de cette femme opiniâtre, ambitieuse et cruelle.

Il s'agissait de persuader à Rodolphe que la fille qu'il avait eue de Sarah n'était pas morte et de substituer une orpheline à cette enfant.

On sait que Jacques Ferrand, ayant formellement refusé d'entrer dans ce complot, malgré les menaces de Sarah, s'était résolu à faire disparaître Fleur-de-Marie, autant par crainte des révélations de la Chouette que par crainte des insistances obstinées de la comtesse. Mais celle-ci ne renonçait pas à son dessein, presque certaine de corrompre ou d'intimider le notaire, lorsqu'elle se serait assurée d'une jeune fille capable de remplir le rôle dont elle voulait la charger.

Après un moment de silence, Sarah dit à la Chouette :

— Vous êtes adroite, discrète et résolue?

— Adroite comme un singe, résolue comme un dogue, muette comme une tanche, voilà la Chouette, telle que le diable l'a faite, pour vous servir, si elle en était capable... et elle l'est... — répondit allégrement la vieille. — J'espère que nous vous avons fameusement empaumé la jeune campagnarde, qui est maintenant clouée à Saint-Lazare pour deux bons mois.

— Il ne s'agit plus d'elle..... mais d'autre chose...

— A vos souhaits, ma petite dame!.. Pourvu qu'il y ait de l'argent au bout de ce que vous allez me proposer, nous serons comme les deux doigts de la main...

Sarah ne put réprimer un mouvement de dégoût.

— Vous devez connaître — reprit-elle — des gens du peuple... des gens malheureux?

— Il y a plus de ceux-là que de millionnaires... on peut choisir, Dieu merci; il y a une riche misère à Paris.

— Il faudrait me trouver une orpheline pauvre et surtout qui eût perdu ses parents étant tout enfant. Il faudrait de plus qu'elle fût d'une figure agréable, d'un caractère doux et qu'elle n'eût pas plus de dix-sept ans.

La Chouette regarda Sarah avec étonnement.

— Une telle orpheline ne doit pas être difficile à rencontrer — reprit la comtesse — il y a tant d'enfants trouvés...

— Ah çà! mais dites donc, ma petite dame, et la Goualeuse que vous oubliez?.. voilà votre affaire!

— Qu'est-ce que c'est que la Goualeuse?

— Cette jeunesse que nous avons été enlever à Bouqueval?

— Il ne s'agit plus d'elle, vous dis-je!

— Mais écoutez-moi donc, et surtout récompensez-moi du bon conseil : Vous voulez une orpheline douce comme un agneau... belle comme le jour, et qui n'ait pas dix-sept ans, n'est-ce pas?

— Sans doute...

— Eh bien! prenez la Goualeuse lorsqu'elle sortira de Saint-Lazare; c'est votre lot, comme si on vous l'avait fait exprès, puisqu'elle avait environ six ans... quand ce gueux de Jacques Ferrand (il y a dix ans de cela) me l'a fait donner avec mille francs pour s'en débarrasser... même que c'est Tournemine, actuellement au bagne, à Rochefort, qui me l'a amenée... me disant que c'était sans doute un enfant dont on voulait se débarrasser ou faire passer pour mort...

— Jacques Ferrand... dites-vous! — s'écria Sarah d'une voix si altérée que la Chouette recula stupéfaite.

— Le notaire Jacques Ferrand... — reprit Sarah — vous a livrée cette enfant... et...

Elle ne put achever.

L'émotion était trop violente; ses deux mains, tendues vers la Chouette, tremblaient convulsivement; la surprise, la joie bouleversaient ses traits.

— Mais je ne sais pas ce qui vous allume comme ça, ma petite dame — reprit la vieille. — C'est pourtant bien simple... Il y a dix ans... Tournemine, une vieille connaissance, m'a dit : Veux-tu te charger d'une petite fille qu'on veut faire disparaître? Qu'elle crève ou qu'elle vive, c'est égal ; il y a mille fr. à gagner ; tu feras de l'enfant ce que tu voudras...

— Il y a dix ans!.. — s'écria Sarah.

— Dix ans...

— Une petite fille blonde?

— Une petite fille blonde...

— Avec des yeux bleus?

— Avec des yeux bleus, bleus comme des bluets.

— Et c'est elle... qu'à la ferme...

— Nous avons emballée pour Saint-Lazare... Faut dire que je ne m'attendais guère à la retrouver à la campagne..... cette Pégriotte.

— Oh! mon Dieu! mon Dieu! — s'écria Sarah en tombant à genoux, en levant les mains et les yeux au ciel — vos vues sont impénétrables... je me prosterne devant votre

Providence. Oh! si un tel bonheur était possible... mais non, je ne puis encore le croire... ce serait trop beau... non!..

Puis, se relevant brusquement, elle dit à la Chouette qui la regardait toute interdite : — Venez...

Et Sarah marcha devant la vieille à pas précipités.

Au bout de l'allée, elle monta quelques marches conduisant à la porte vitrée d'un cabinet de travail somptueusement meublé.

Au moment où la Chouette allait y entrer, Sarah lui fit signe de demeurer en dehors.

Puis la comtesse sonna violemment.

Un domestique parut.

— Je n'y suis pour personne... et que personne n'entre ici... entendez-vous?.. absolument personne...

Le domestique sortit.

Sarah, pour plus de sûreté, alla pousser un verrou.

La Chouette avait entendu la recommandation faite au domestique et vu Sarah fermer le verrou.

La comtesse, se retournant, lui dit :

— Entrez vite... et fermez la porte.

La Chouette entra.

Ouvrant à la hâte un secrétaire, Sarah y prit un coffret d'ébène qu'elle apporta sur un bureau situé au milieu de la chambre, et fit signe à la Chouette de venir près d'elle.

Le coffret contenait plusieurs fonds d'écrin superposés les uns sur les autres, et renfermant de magnifiques pierreries.

Sarah était si pressée d'arriver au fond du coffret, qu'elle jetait précipitamment sur la table ces casiers splendidement garnis de colliers, de bracelets, de diadèmes où les rubis, les émeraudes et les diamants chatoyaient de mille feux.

La Chouette fut éblouie...

Elle était armée, elle était seule enfermée avec la comtesse; la fuite lui était facile, assurée...

Une idée infernale traversa l'esprit de ce monstre.

Mais, pour exécuter ce nouveau forfait, il lui fallait sortir son stylet de son cabas et s'approcher de Sarah sans exciter sa défiance.

Avec l'astuce du chat-tigre, qui rampe et

s'avance traîtreusement vers sa proie, la vieille profita de la préoccupation de la comtesse pour faire insensiblement le tour du bureau qui la séparait de sa victime.

La Chouette avait déjà commencé cette évolution perfide, lorsqu'elle fut obligée de s'arrêter brusquement.

Sarah retira un médaillon du double fond de la boîte, se pencha sur la table, le tendit à la Chouette d'une main tremblante, et lui dit :

— Regardez ce portrait.

— C'est la Pégriotte ! — s'écria la Ch'ouette frappée de l'extrême ressemblance ; — c'est la petite fille qu'on m'a livrée ; il me semble la voir quand Tournemine me l'a amenée... C'est bien là ses grands cheveux bouclés que j'ai coupés tout de suite et bien vendus, ma foi !..

— Vous la reconnaissez, c'était bien elle ? Oh ! je vous en conjure, ne me trompez pas... ne me trompez pas !

— Je vous dis, ma petite dame, que c'est la Pégriotte, comme si on la voyait — dit la Chouette en tâchant de se rapprocher davantage de Sarah sans être remarquée ; — à l'heure qu'il est, elle ressemble encore à ce portrait... si vous la voyiez vous en seriez frappée.

Sarah n'avait pas eu un cri de douleur, d'effroi, en apprenant que sa fille avait pendant dix ans vécu misérable, abandonnée...

Pas un remords en songeant qu'elle-même l'avait fait arracher fatalement de la paisible retraite où Rodolphe l'avait placée.

Tout d'abord, cette mère dénaturée n'interrogea pas la Chouette avec une anxiété terrible sur le passé de son enfant...

Non ; chez Sarah l'ambition avait depuis long-temps étouffé la tendresse maternelle...

Ce n'était pas la joie de retrouver sa fille qui la transportait, c'était l'espoir certain de voir réaliser enfin le rêve orgueilleux de toute sa vie...

Rodolphe s'était intéressé à cette malheureuse enfant... l'avait recueillie sans la connaître, que serait-ce donc lorsqu'il saurait qu'elle était... SA FILLE!!

Il était libre... la comtesse veuve...

Sarah voyait déjà briller à ses yeux la couronne souveraine.

6.

La Chouette, avançant toujours à pas lents, avait enfin gagné l'un des bouts de la table, et placé son stylet perpendiculairement dans son cabas, la poignée à fleur de l'ouverture... bien à sa portée...

Elle n'était plus qu'à quelques pas de la comtesse.

— Savez-vous écrire? — lui dit tout à coup celle-ci.

Et repoussant de la main le coffre et les bijoux, elle ouvrit un buvard placé devant un encrier.

— Non, madame, je ne sais pas écrire — répondit la Chouette à tout hasard...

— Je vais donc écrire sous votre dictée... Dites-moi toutes les circonstances de l'abandon de cette petite fille.

Et Sarah, s'asseyant dans un fauteuil devant le bureau, prit une plume et fit signe à la Chouette de venir auprès d'elle.

L'œil de la vieille étincela.

Enfin... Elle était debout, à côté du siége de Sarah.

Celle-ci, courbée sur la table, se préparait à écrire...

— Je vais lire tout haut, et à mesure — dit la comtesse — vous rectifierez mes erreurs.

— Oui, madame — reprit la Chouette en épiant les moindres mouvements de Sarah.

Puis elle glissa sa main droite dans son cabas, pour pouvoir saisir son stylet sans être vue.

La comtesse commença d'écrire :

— « Je déclare que... »

Mais s'interrompant et se tournant vers la Chouette qui touchait déjà le manche de son poignard, Sarah ajouta :

— A quelle époque cette enfant vous a-t-elle été livrée ?

— Au mois de février 1827.

— Et par qui ? — reprit Sarah toujours tournée vers la Chouette.

— Par Pierre Tournemine, actuellement au bagne de Rochefort... C'est madame Séraphin, la femme de charge du notaire, qui lui avait donné la petite.

La comtesse se remit à écrire et lut à haute voix :

— « Je déclare qu'au mois de février 1827, le nommé... »

La Chouette avait tiré son stylet.

Déjà elle se levait pour frapper sa victime entre les deux épaules...

Sarah se retourna de nouveau.

La Chouette, pour n'être pas surprise, appuya prestement sa main droite armée sur le dossier du fauteuil de Sarah, et se pencha vers elle afin de répondre à sa nouvelle question.

— J'ai oublié le nom de l'homme qui vous a confié l'enfant — dit la comtesse.

— Pierre Tournemine — répondit la Chouette.

— « Pierre Tournemine » — répéta Sarah en continuant d'écrire — « actuellement au bagne de Rochefort, m'a remis un enfant qui lui avait été confié par la femme de charge du... »

La comtesse ne put achever...

La Chouette, après s'être doucement débarrassée de son cabas en le laissant couler à ses pieds, s'était jetée sur la comtesse avec autant de rapidité que de furie, de sa main gauche l'avait saisie à la nuque, et, lui appuyant le visage sur la table, lui avait, de sa main droite, planté le stylet entre les deux épaules...

## LE PORTRAIT. 87

Cet abominable meurtre fut exécuté si brusquement que la comtesse ne poussa pas un cri, pas une plainte...

Toujours assise, elle resta le haut du corps et le front sur la table. Sa plume s'échappa de sa main.

— Le même coup que Fourline... au petit vieillard de la rue du Roule — dit le monstre. — Encore une qui ne parlera plus... son compte est fait.

Et la Chouette, s'emparant à la hâte des pierreries, qu'elle jeta dans son cabas, ne s'aperçut pas que sa victime respirait encore.

Le meurtre et le vol accomplis, l'horrible vieille ouvrit la porte vitrée, disparut rapidement dans l'allée d'arbres verts, sortit par la petite porte de la ruelle et gagna les terrains déserts.

Près de l'Observatoire, elle prit un fiacre qui la conduisit chez Bras-Rouge, aux Champs-Élysées.

La veuve Martial, Nicolas, Calebasse et Barbillon avaient, on le sait, donné rendez-vous à la Chouette dans ce repaire pour voler et tuer la courtière en diamants.

## CHAPITRE VI.

L'AGENT DE SURETÉ.

Le lecteur connaît déjà le cabaret du *Cœur-Saignant*, situé aux Champs-Élysées, proche le Cours-la-Reine, dans l'un des vastes fossés qui avoisinaient cette promenade il y a quelques années.

Les habitants de l'île du Ravageur n'avaient pas encore paru.

Depuis le départ de Bradamanti, qui avait, on le sait, accompagné la belle-mère de madame d'Harville en Normandie, Tortillard était revenu chez son père.

Placé en vedette en haut de l'escalier, le petit boiteux devait signaler l'arrivée des Martial par un cri convenu, Bras-Rouge étant alors en conférence secrète avec un agent de sûreté nommé Narcisse Borel, que l'on se souvient peut-être d'avoir vu au tapis-franc de l'ogresse, lorsqu'il vint y arrêter deux scélérats accusés de meurtre.

Cet agent, homme de quarante ans environ, vigoureux et trapu, avait le teint coloré, l'œil fin et perçant, la figure complétement rasée, afin de pouvoir prendre divers déguisements, nécessaires à ses dangereuses expéditions ; car il lui fallait joindre souvent la souplesse de transfiguration du comédien au courage et à l'énergie du soldat pour parvenir à s'emparer de certains bandits contre lesquels il devait lutter de ruse et de détermination. Narcisse Borel était, en un mot, l'un des instruments les plus utiles, les plus actifs de cette providence au petit pied, appelée modestement et vulgairement *la police.*

. . . . . . . . . . . . . . . . . . . . .

Revenons à l'entretien de Narcisse Borel et de Bras-Rouge... Cet entretien semblait très-animé.

— Oui — disait l'agent de sûreté — on vous accuse de profiter de votre position à double face pour prendre impunément part aux vols d'une bande de malfaiteurs très-dangereux, et pour donner sur eux de fausses indications à la police de sûreté... Prenez garde, Bras-Rouge, si cela était découvert, on serait sans pitié pour vous.

— Hélas! je sais qu'on m'accuse de cela, et c'est désolant, mon bon monsieur Narcisse — répondit Bras-Rouge en donnant à sa figure de fouine une expression de chagrin hypocrite. — Mais j'espère qu'aujourd'hui enfin on me rendra justice, et que ma bonne foi sera reconnue...

— Nous verrons bien!

— Comment peut-on se défier de moi? est-ce que je n'ai pas fait mes preuves? Est-ce moi, oui ou non, qui, dans le temps, vous ai mis à même d'arrêter en flagrant délit Ambroise Martial, un des plus dangereux malfaiteurs de Paris? Car, comme on dit, bon chien chasse de race, et la race des Martial vient de l'enfer, où elle retournera si le bon Dieu est juste...

— Tout cela est bel et bon, mais Ambroise était prévenu qu'on allait venir l'arrêter; si je n'avais pas devancé l'heure que vous m'aviez indiquée, il échappait.

— Me croyez-vous capable, monsieur Narcisse, de lui avoir secrètement donné avis de votre arrivée?

— Ce que je sais, c'est que j'ai reçu de ce brigand-là un coup de pistolet à bout portant, qui heureusement ne m'a traversé que le bras.

— Dame! monsieur Narcisse, il est sûr que dans votre partie on est exposé à ces malentendus-là...

— Ah! vous appelez ça des malentendus?

— Certainement, car il voulait sans doute, le scélérat, vous loger la balle dans le corps.

— Dans le bras, dans le corps ou dans la tête, peu importe, ce n'est pas de cela que je me plains; chaque état à ses désagréments.

— Et ses plaisirs donc, monsieur Narcisse, et ses plaisirs! Par exemple, lorsqu'un homme aussi fin, aussi adroit, aussi courageux que vous... est depuis long-temps sur la piste d'une nichée de brigands, qu'il les suit de quartier en quartier, de bouge en bouge, avec un bon limier comme votre serviteur Bras-Rouge, et qu'il finit par les traquer et les cerner dans une souricière dont aucun ne peut échapper... avouez, monsieur Narcisse, qu'il y a là un grand plaisir... une joie de chasseur... Sans compter le service que l'on rend à la justice — ajouta gravement le tavernier du *Cœur-Saignant.*

— Je serais assez de votre avis, si le limier était fidèle; mais je crains qu'il ne le soit pas.

— Ah! monsieur Narcisse, vous croyez...

— Je crois qu'au lieu de nous mettre sur la voie, vous vous amusez à nous égarer, et que vous abusez de la confiance qu'on a en vous. Chaque jour vous promettez de nous aider à mettre la main sur la bande... ce jour n'arrive jamais.

— Et si ce jour arrive aujourd'hui, monsieur Narcisse, comme j'en suis sûr; et si je vous fais ramasser Barbillon, Nicolas Martial, la veuve, sa fille et la Chouette, sera-ce, oui ou non, un bon coup de filet? Vous méfierez-vous encore de moi?

— Non, et vous aurez rendu un véritable service; car on a contre cette bande de fortes présomptions, des soupçons presque certains, mais malheureusement aucune preuve.

— Aussi un petit bout de flagrant délit,

en permettant de les pincer, aiderait furieusement à débrouiller leurs cartes, hein! monsieur Narcisse?

— Sans doute... et vous m'assurez qu'il n'y a pas eu provocation de votre part dans le coup qu'ils vont tenter?

— Non, sur l'honneur!.. c'est la Chouette qui est venue me proposer d'attirer la courtière chez moi, lorsque cette infernale borgnesse a appris par mon fils que Morel, le lapidaire, qui demeure rue du Temple, travaillait en vrai au lieu de travailler en faux, et que la mère Mathieu avait souvent sur elle des valeurs considérables... J'ai accepté l'affaire, en proposant à la Chouette de nous adjoindre les Martial et Barbillon, afin de vous mettre toute la sequelle sous la main.

— Et le Maître d'école, cet homme si dangereux, si fort et si féroce, qui était toujours avec la Chouette?.. un des habitués du tapis-franc?

— Le Maître d'école?.. — dit Bras-Rouge en feignant l'étonnement.

— Oui, un forçat évadé du bagne de Rochefort, un nommé Anselme Duresnel, condamné à perpétuité. On sait maintenant qu'il s'est défiguré pour se rendre méconnaissable... N'avez-vous aucun indice sur lui?

— Aucun...

Répondit intrépidement Bras-Rouge, qui avait ses raisons pour faire ce mensonge, car le Maître d'école était alors enfermé dans une des caves du cabaret.

— Il y a tout lieu de croire que le Maître d'école est l'auteur de nouveaux assassinats. Ce serait une capture importante...

—Depuis six semaines on ne sait pas ce qu'il est devenu.

— Aussi vous reproche-t-on d'avoir perdu sa trace...

— Toujours des reproches!..... monsieur Narcisse... toujours...

— Ce ne sont pas les raisons qui manquent... Et la contrebande?

— Ne faut-il pas que je connaisse un peu de toutes sortes de gens? des contrebandiers comme d'autres pour vous mettre sur la voie?.. Je vous ai dénoncé ce tuyau à introduire des liquides... établi en dehors de la barrière du

Trône et aboutissant dans une maison... de la rue...

— Je sais tout cela — dit Narcisse en interrompant Bras-Rouge — mais pour un que vous dénoncez, vous en faites peut-être échapper dix, et vous continuez impunément votre trafic... Je suis sûr que vous mangez à deux râteliers, comme on dit.

— Ah! monsieur Narcisse... je suis incapable d'une faim aussi malhonnête...

— Et ce n'est pas tout; rue du Temple, n° 17, loge une femme Burette, prêteuse sur gages, que l'on accuse d'être votre recéleuse particulière, à vous.

— Que voulez-vous que j'y fasse, monsieur Narcisse? on dit tant de choses, le monde est si méchant... Encore une fois, il faut bien que je fraie avec le plus grand nombre de coquins possible, que j'aie même l'air de faire comme eux... pis qu'eux, pour ne pas leur donner de soupçons; mais ça me navre... de les imiter... ça me navre... Il faut que je sois bien dévoué au service, allez... pour me résigner à ce métier-là...

— Pauvre cher homme... je vous plains de toute mon âme.

— Vous riez, monsieur Narcisse... Mais si l'on croit ça, pourquoi n'a-t-on pas fait une descente chez la mère Burette et chez moi?

— Vous le savez bien... pour ne pas effaroucher ces bandits, que vous nous promettez de nous livrer depuis si long-temps.

— Et je vais vous les livrer, monsieur Narcisse; avant une heure ils seront ficelés... et sans trop de peine, car il y a trois femmes. Quant à Barbillon et à Nicolas Martial, ils sont féroces comme des tigres, mais lâches comme des poules.

— Tigres ou poules — dit Narcisse en entr'ouvrant sa longue redingote et montrant la crosse de deux pistolets qui sortaient des goussets de son pantalon, — j'ai là de quoi les servir.

— Vous ferez toujours bien de prendre deux de vos hommes avec vous, monsieur Narcisse; quand ils se voient acculés, les plus poltrons deviennent quelquefois des enragés.

— Je placerai deux de mes hommes dans la petite salle basse, à côté de celle où vous ferez entrer la courtière... au premier cri, je paraîtrai à une porte, mes deux hommes à l'autre.

— Il faut vous hâter, car la bande va arriver d'un moment à l'autre, monsieur Narcisse.

— Soit, je vais poster mes hommes... pourvu que ce ne soit pas encore pour rien... cette fois.

L'entretien fut interrompu par un sifflement particulier destiné à servir de signal.

Bras-Rouge s'approcha d'une fenêtre pour voir quelle personne Tortillard annonçait.

— Tenez... voilà déjà la Chouette. Eh bien! me croyez-vous à présent, monsieur Narcisse?

— C'est déjà quelque chose, mais ce n'est pas tout; enfin, nous verrons; je cours placer mes hommes.

Et l'agent de sûreté disparut par une porte latérale.

## CHAPITRE VII.

### LA CHOUETTE.

La précipitation de la marche de la Chouette, les ardeurs féroces d'une fièvre de rapine et de meurtre qui l'animaient encore, avaient empourpré son hideux visage ; son œil vert étincelait d'une joie sauvage.

Tortillard la suivait sautillant et boitant.

Au moment où elle descendait les dernières marches de l'escalier, le fils de Bras-Rouge, par une méchante espiéglerie, posa son pied sur les plis traînants de la robe de la Chouette.

Ce brusque temps d'arrêt fit trébucher la vieille. Ne pouvant se retenir à la rampe, elle tomba sur ses genoux, les deux mains tendues en avant, abandonnant son précieux cabas, d'où s'échappa un bracelet d'or garni d'émeraudes et de perles fines...

La Chouette, s'étant dans sa chute quelque peu excorié les doigts, ramassa le bracelet qui n'avait pas échappé à la vue perçante de Tortillard, se releva et se précipita furieuse sur le petit boiteux, qui s'approchait d'elle d'un air hypocrite en lui disant :

— Ah ! mon Dieu ! le pied vous a donc fourché ?

Sans lui répondre, la Chouette saisit Tortillard par les cheveux, et, se baissant au niveau de sa joue, le mordit avec rage ; le sang jaillit sous sa dent.

Chose étrange ! Tortillard, malgré sa méchanceté, malgré le ressentiment d'une cruelle douleur, ne poussa pas une plainte, pas un cri...

Il essuya son visage ensanglanté, et dit en riant d'un air forcé :

— J'aime mieux que vous ne m'embrassiez pas si fort une autre fois... hé... la Chouette...

— Méchant petit momacque, pourquoi as-tu mis exprès ton pied sur ma robe... pour me faire tomber ?

— Moi ? ah bien ! par exemple... je vous jure que je ne l'ai pas fait exprès, ma bonne Chouette... Plus souvent que votre petit Tortillard aurait voulu vous faire du mal.... il vous aime trop pour cela ; vous avez beau le battre, le brusquer, le mordre, il vous est attaché comme le pauvre petit chien l'est à son maître — dit l'enfant d'une voix pateline et doucereuse.

Trompée par l'hypocrisie de Tortillard, la Chouette le crut et lui répondit :

— A la bonne heure ! si je t'ai mordu à tort, ce sera pour toutes les autres fois que tu l'aurais mérité, brigand... Allons, vive la joie... aujourd'hui je n'ai pas de rancune... Où est ton filou de père ?

— Dans la maison... Voulez-vous que j'aille le chercher... ?

— Non. Les Martial sont-ils venus ?

— Pas encore...

— Alors j'ai le temps de descendre chez Fourline ; j'ai à lui parler au vieux sans yeux...

— Vous allez au caveau du Maître d'école ? — dit Tortillard en dissimulant à peine une joie diabolique.

— Qu'est-ce que ça te fait?

— A moi?

— Oui, tu m'as demandé cela d'un drôle d'air?

— Parce que je pense à quelque chose de drôle.

— Quoi?

— C'est que vous devriez bien au moins lui apporter un jeu de cartes pour le désennuyer — reprit Tortillard d'un air narquois — ça le changerait un peu.... il ne joue qu'à être mordu par les rats; à ce jeu-là il gagne toujours, et à la fin ça lasse.

La Chouette rit aux éclats de ce lazzi, et dit au petit boiteux:

— Amour de momacque à sa maman... je ne connais pas un moutard pour avoir déjà plus de vices que ce gueux-là... Va chercher une chandelle, tu m'éclaireras pour descendre chez Fourline... et tu m'aideras à ouvrir sa porte... tu sais bien qu'à moi toute seule je ne peux pas seulement la pousser.

— Ah! bien non, il fait trop noir dans la cave — dit Tortillard en hochant la tête.

— Comment! comment! toi qui és mauvais comme un démon, tu serais poltron?.. je voudrais bien voir ça... allons, va vite, et dis à ton père que je vas revenir tout à l'heure... que je suis avec Fourline... que nous causons de la publication des bans pour notre mariage... eh! eh! eh! — ajouta le monstre en ricanant — voyons, dépêche-toi, tu seras garçon de noce, et si tu es gentil c'est toi qui prendras ma jarretière...

Tortillard alla chercher une lumière d'un air maussade.

En l'attendant, la Chouette, toute à l'ivresse du succès de son vol, plongea sa main droite dans son cabas pour y manier les bijoux précieux qu'il renfermait.

C'était pour cacher momentanément ce trésor qu'elle voulait descendre dans le caveau du Maître d'école, et non pour jouir, selon son habitude, des tourments de sa nouvelle victime.

Nous dirons tout à l'heure pourquoi, du consentement de Bras-Rouge, la Chouette avait relégué le Maître d'école dans ce même réduit souterrain où ce brigand avait autrefois précipité Rodolphe.

Tortillard, tenant un flambeau, reparut à la porte du cabaret.

La Chouette le suivit dans la salle basse, où s'ouvrait la large trappe à deux vantaux que l'on connaît déjà.

Le fils de Bras Rouge, abritant sa lumière dans le creux de sa main, et précédant la vieille, descendit lentement un escalier de pierre conduisant à une pente rapide au bout de laquelle se trouvait la porte épaisse du caveau qui avait failli devenir le tombeau de Rodolphe.

Arrivé au bas de l'escalier, Tortillard parut hésiter à suivre la Chouette.

— Eh bien!.. méchant lambin... avance donc — lui dit-elle en se retournant.

— Dame! il fait si noir... et puis vous allez si vite, la Chouette... Mais au fait, tenez... j'aime mieux m'en retourner... et vous laisser la chandelle.

— Et la porte du caveau, imbécile?.. Est-ce que je peux l'ouvrir à moi toute seule? Avanceras-tu?

— Non... j'ai trop peur.

— Si je vais à toi... prends garde...

— Puisque vous me menacez, je remonte...
Et Tortillard recula quelques pas.

— Eh bien! écoute... sois gentil — reprit la Chouette en contenant sa colère — je te donnerai quelque chose...

— A la bonne heure! — dit Tortillard en se rapprochant — parlez-moi ainsi, et vous ferez de moi tout ce que vous voudrez, mère la Chouette.

— Avance, avance, je suis pressée,..

— Oui; mais promettez-moi que vous me laisserez aguicher le Maître d'école?

— Une autre fois... aujourd'hui je n'ai pas le temps.

— Rien qu'un petit peu; laissez-moi seulement le faire écumer...

— Une autre fois... Je te dis qu'il faut que je remonte tout de suite.

— Pourquoi donc voulez-vous ouvrir la porte de son *appartement*?

— Ça ne te regarde pas. Voyons, finiras-tu? Les Martial sont peut-être déjà en haut, il faut que je leur parle... Sois gentil, et tu n'en seras pas fâché... arrive.

— Il faut que je vous aime bien, allez, la

Chouette... vous me faites faire tout ce que vous voulez — dit Tortillard en s'avançant lentement.

La clarté blafarde, vacillante de la chandelle, éclairant vaguement ce sombre couloir, dessinait la noire silhouette du hideux enfant sur les murailles verdâtres, lézardées, ruisselantes d'humidité.

Au fond du passage, à travers une demi-obscurité, on voyait le cintre bas, écrasé, de l'entrée du caveau, sa porte épaisse, garnie de bandes de fer, et se détachant dans l'ombre, le tartan rouge et le bonnet blanc de la Chouette.

Grâce à ses efforts et à ceux de Tortillard, la porte s'ouvrit, en grinçant, sur ses gonds rouillés.

Une bouffée de vapeur humide s'échappa de cet antre, obscur comme la nuit.

La lumière, posée à terre, jetait quelques lueurs sur les premières marches de l'escalier de pierre, dont les derniers degrés se perdaient complétement dans les ténèbres.

Un cri, ou plutôt un rugissement sauvage, sortit des profondeurs du caveau.

— Ah! voilà Fourline qui dit bonjour à sa maman — dit ironiquement la Chouette.

Et elle descendit quelques marches pour cacher son cabas dans quelque recoin.

— J'ai faim! — cria le Maître d'école d'une voix frémissante de rage; — on veut donc me faire mourir comme une bête enragée!

— Tu as faim, gros minet? — dit la Chouette en éclatant de rire — eh bien!..... suce ton pouce...

On entendit le bruit d'une chaîne qui se roidissait violemment.

Puis un soupir de rage muette contenue.

— Prends garde! prends garde! tu vas te faire encore bobo à la jambe, comme à la ferme de Bouqueval. Pauvre bon papa! — dit Tortillard.

— Il a raison, cet enfant; tiens-toi donc en repos, Fourline — reprit la vieille; — l'anneau et la chaîne sont solides, vieux sans yeux, ça vient de chez le père Micou, qui ne vend que du bon. C'est ta faute aussi; pourquoi t'es-tu laissé ficeler pendant ton sommeil? on n'a eu ensuite qu'à te passer l'anneau et la chaîne à la gigue, et à te descendre ici... au frais... pour te conserver, vieux coquet.

— C'est dommage, il va moisir — dit Tortillard.

On entendit un nouveau bruit de chaînes.

— Eh! eh! Fourline, qui sautille comme un hanneton attaché par la patte — dit la vieille. — Il me semble le voir...

— Hanneton! vole! vole! vole!... Ton mari est le *Maître d'école !*... — chantonna Tortillard.

Cette variante augmenta l'hilarité de la Chouette.

— Ayant placé son cabas dans un trou formé par la dégradation de la muraille de l'escalier, elle dit en se relevant :

— Vois-tu, Fourline?..

— Il ne voit pas, dit Tortillard...

— Il a raison, cet enfant! Eh bien! entends-tu, Fourline? il ne fallait pas, en revenant de la ferme, être assez Colas pour faire le bon chien... en m'empêchant de dévisager la Pégriotte avec mon vitriol... Par là-dessus, tu m'as parlé de ta *muette* (1), qui devenait bégueule. J'ai vu que ta pâte de franc gueux s'aigrissait, qu'elle tournait à l'honnête...

(1) De ta conscience.

comme qui dirait au mouchard... que d'un jour à l'autre tu pourrais *manger sur nous* (1), vieux sans yeux... et alors...

— Alors le vieux sans yeux va manger sur toi, la Chouette, car il a faim! — s'écria Tortillard en poussant brusquement et de toutes ses forces la vieille par le dos...

La Chouette tomba en avant, en poussant une imprécation terrible.

On l'entendit rouler au bas de l'escalier de pierre...

— Kis... kis... kis... à toi la Chouette, à toi... saute dessus... vieux — ajouta Tortillard.

Puis saisissant le cabas sous la pierre où il avait vu la vieille le placer, il gravit précipitamment l'escalier en criant avec un éclat de rire féroce :

— Voilà une poussée qui vaut mieux que celle de tout à l'heure, hein, la Chouette? Cette fois tu ne me mordras pas jusqu'au sang... Ah! tu croyais que je n'avais pas de rancune... merci... je saigne encore.

— Je la tiens... oh !... je la tiens... — cria le Maître d'école du fond du caveau.

(1) **Nous dénoncer.**

— Si tu la tiens, vieux, part à deux — dit Tortillard en ricanant.

Et il s'arrêta sur la dernière marche de l'escalier.

— Au secours! — cria la Chouette d'une voix strangulée.

— Merci... Tortillard — reprit le Maître d'école — merci! et on l'entendit pousser une aspiration de joie effrayante.

— Oh! je te pardonne le mal que tu m'as fait... et pour ta récompense... tu vas l'entendre chanter, la Chouette!!! écoute-la bien... l'oiseau de mort...

— Bravo!... me voilà aux premières loges — dit Tortillard en s'asseyant au haut de l'escalier.

## CHAPITRE VIII.

LE CAVEAU.

Tortillard, assis sur la première marche de l'escalier, éleva sa lumière pour tâcher d'éclairer l'épouvantable scène qui allait se passer dans les profondeurs du caveau ; mais les ténèbres étaient trop épaisses... une si faible clarté ne put les dissiper.

Le fils de Bras-Rouge ne distingua rien.

La lutte du Maître d'école et de la Chouette était sourde, acharnée, sans un mot, sans un cri.

Seulement de temps à autre on entendait l'aspiration bruyante ou le souffle étouffé qui accompagne toujours des efforts violents et contenus.

Tortillard, assis sur le degré de pierre, se mit alors à frapper des pieds avec cette cadence particulière aux spectateurs impatients de voir commencer le spectacle; puis il poussa ce cri familier aux habitués du *paradis* des théâtres du boulevard :

— Eh ! la toile... la pièce... la musique !

— Oh ! je te tiendrai comme je veux — murmura le Maître d'école au fond du caveau — et tu vas...

Un mouvement désespéré de la Chouette l'interrompit. Elle se débattait avec l'énergie que donne la crainte de la mort.

— Plus haut... on n'entend pas... — cria Tortillard.

— Tu as beau me dévorer la main, je te tiendrai comme je le veux — reprit le Maître d'école.

Puis, ayant sans doute réussi à contenir la Chouette, il ajouta : — C'est cela... Maintenant, écoute...

— Tortillard, appelle ton père ! — cria la Chouette d'une voix haletante, épuisée. — Au secours !... au secours !...

— A la porte... la vieille ! elle empêche

d'entendre — dit le petit boiteux en éclatant de rire; — à bas la cabale !

Les cris de la Chouette ne pouvaient percer ces deux étages souterrains.

La misérable, voyant qu'elle n'avait aucune aide à attendre du fils de Bras-Rouge, voulut tenter un dernier effort.

— Tortillard, va chercher du secours et je te donne mon cabas; il est plein de bijoux... il est là sous une pierre.

— Que ça de générosité! Merci, madame... Est-ce que je ne l'ai pas, ton cabas? Tiens, entends-tu comme ça clique dedans... — dit Tortillard en le secouant. — Mais, par exemple, donne-moi tout de suite pour deux sous de galette chaude, et je vas chercher papa!

— Aie pitié de moi, et je...

La Chouette ne put continuer.

Il se fit un nouveau silence.

Le petit boiteux recommença de frapper en mesure sur la pierre de l'escalier où il était accroupi, accompagnant le bruit de ses pieds de ce cri répété :

— Ça ne commence donc pas? Ohé! la

toile... ou j'en fais des faux-cols! la pièce!... la musique!

— De cette façon, la Chouette, tu ne pourras plus m'étourdir de tes cris — reprit le Maître d'école, après quelques minutes, pendant lesquels il parvint sans doute à bâillonner la vieille. — Tu sens bien — reprit-il d'une voix lente et creuse — que je ne veux pas en finir tout de suite... Torture pour torture! Tu m'as assez fait souffrir... Il faut que je te parle longuement avant de te tuer... oui... longuement... ça va être affreux pour toi... quelle agonie, hein?

— Ah çà, pas de bêtises, eh vieux! — s'écria Tortillard en se levant à demi; — corrige-la, mais ne lui fais pas trop de mal... Tu parles de la tuer... c'est une frime, n'est-ce pas? Je tiens à ma Chouette... je te l'ai prêtée, mais tu me la rendras... ne me l'abîme pas... je ne veux pas qu'on me détruise ma Chouette, ou sans ça je vais chercher papa.

— Sois tranquille, elle n'aura que ce qu'elle mérite... une leçon profitable... — dit le Maître d'école pour rassurer Tortillard, craignant que le petit boiteux n'allât chercher du secours.

— A la bonne heure, bravo! voilà la pièce qui va commencer... — dit le fils de Bras-Rouge, qui ne croyait pas que le Maître d'école menaçât sérieusement les jours de l'horrible vieille.

— Causons donc, la Chouette — reprit le Maître d'école d'une voix calme. — D'abord, vois-tu... depuis ce rêve de la ferme de Bouqueval, qui m'a remis sous les yeux tous nos crimes, depuis ce rêve qui a manqué de me rendre fou... qui me rendra fou... car dans la solitude, dans l'isolement profond où je vis, toutes mes pensées viennent malgré moi aboutir à ce rêve... il s'est passé en moi un changement étrange...

Oui... j'ai eu horreur de ma férocité passée...

D'abord je ne t'ai pas permis de martyriser la Goualeuse... cela n'était rien encore...

En m'enchaînant ici dans cette cave, en m'y faisant souffrir le froid et la faim... mais en me délivrant de ton obsession... tu m'as laissé tout à l'épouvante de mes réflexions.

8.

Oh! tu ne sais pas ce que c'est que d'être seul... toujours seul... avec un voile noir sur les yeux, comme m'a dit l'homme implacable qui m'a puni...

Cela est effrayant... vois donc!...

C'est dans ce caveau que je l'avais précipité pour le tuer... et ce caveau est le lieu de mon supplice... Il sera peut-être mon tombeau...

Je te répète que cela est effrayant.

Tout ce que cet homme m'a prédit s'est réalisé.

Il m'avait dit : Tu as abusé de ta force... tu seras le jouet des plus faibles.

Cela a été.

Il m'avait dit : Désormais séparé du monde extérieur, face à face avec l'éternel souvenir de tes crimes, un jour tu te repentiras de tes crimes...

Et ce jour est arrivé... l'isolement m'a purifié...

Je ne l'aurais pas cru possible...

Une autre preuve... que je suis peut-être moins scélérat qu'autrefois... c'est que j'éprouve une joie infinie à te tenir là... monstre... non pour me venger, moi... mais pour venger nos victimes... Oui, j'aurai accompli un devoir... quand, de ma propre main, j'aurai puni ma complice...

Une voix me dit que si tu étais tombée plus tôt en mon pouvoir, bien du sang... bien du sang n'aurait pas coulé sous tes coups.

J'ai maintenant horreur de mes meurtres passés, et pourtant... ne trouves-tu pas cela bizarre? c'est sans crainte, c'est avec sécurité que je vais commettre sur toi un meurtre affreux, avec des raffinements affreux... Dis... dis... conçois-tu cela?

— Bravo!.. bien joué... vieux sans yeux! ça chauffe — s'écria Tortillard en applaudissant. — Tout ça, c'est toujours pour rire?

— Toujours pour rire — reprit le Maître d'école d'une voix creuse. — Tiens-toi donc, la Chouette, il faut que je finisse de t'expliquer comment peu à peu j'en suis venu à me repentir.

Cette révélation te sera odieuse... cœur endurci, et elle te prouvera aussi combien je dois être impitoyable dans la vengeance que je veux exercer sur toi au nom de nos victimes...

Il faut que je me hâte...

La joie de te tenir là... me fait bondir le sang... mes tempes battent avec violence... comme lorsqu'à force de penser au rêve ma raison s'égare... peut-être une de mes crises va-t-elle venir... mais j'aurai le temps de te rendre les approches de la mort effroyables, en te forçant de m'entendre...

— Hardi, la Chouette! — cria Tortillard; — hardi à la réplique!.. Tu ne sais donc pas ton rôle?.. Alors dis au *boulanger* (1) de te souffler, ma vieille.

— Oh! tu auras beau te débattre et me mordre — reprit le Maître d'école après un nouveau silence — tu ne m'échapperas pas... tu m'as coupé les doigts jusqu'aux os... mais je t'arrache la langue si tu bouges...

Continuons de causer.

En me trouvant seul, toujours seul dans la nuit et dans le silence, j'ai commencé par éprouver des accès de rage furieuse... impuissante.... pour la première fois ma tête s'est perdue. Oui... quoique éveillé, j'ai revu le rêve... tu sais? le rêve...

(1) Le diable.

## LE CAVEAU.

Le petit vieillard de la rue du Roule... la femme noyée... le marchand de bestiaux... et toi... planant au-dessus de ces fantômes...

Je te dis que cela est effrayant.

Je suis aveugle... et ma pensée prend une forme, un corps, pour me représenter incessamment d'une manière visible, presque palpable... les traits de mes victimes...

Je n'aurais pas fait ce rêve affreux, que mon esprit, continuellement absorbé par le souvenir de mes crimes passés, eût été troublé des mêmes visions...

Sans doute, lorsqu'on est privé de la vue, les idées obsédantes s'*imagent* presque matériellement dans le cerveau...

Pourtant... quelquefois, à force de les contempler avec une terreur résignée.... il me semble que ces spectres menaçants... ont pitié de moi... ils pâlissent... s'effacent et disparaissent... Alors je crois me réveiller d'un songe funeste.... mais je me sens faible, abattu, brisé... et, le croirais-tu... oh! comme tu vas rire... la Chouette!.. je pleure... entends-tu?.. je pleure... Tu ne ris pas?.. Mais ris donc!.. ris donc!..

La Chouette poussa un gémissement sourd et étouffé.

— Plus haut! — cria Tortillard — on n'entend pas...

— Oui — reprit le Maître d'école — je pleure, car je souffre... et la fureur est vaine. Je me dis : Demain, après-demain, toujours je serai en proie aux mêmes accès de délire et de morne désolation...

Quelle vie!.. oh! quelle vie!..

Et je n'ai pas choisi la mort plutôt que d'être enseveli vivant dans cet abîme que creuse incessamment ma pensée!

Aveugle, solitaire et prisonnier... qui pourrait me distraire de mes remords? Rien... rien...

Quand les fantômes cessent un moment de passer et de repasser sur le voile noir que j'ai devant les yeux, ce sont d'autres tortures... ce sont des comparaisons écrasantes. Je me dis : Si j'étais resté honnête homme, à cette heure je serais libre, tranquille, heureux, aimé et honoré des miens... au lieu d'être aveugle et enchaîné dans ce cachot, à la merci de mes complices.

Hélas ! le regret du bonheur perdu par un crime est un premier pas vers le repentir...

Et quand au repentir se joint une expiation d'une effrayante sévérité... une expiation qui change votre vie en une longue insomnie remplie d'hallucinations vengeresses ou de réflexions désespérées... peut-être alors le pardon des hommes succède aux remords et à l'expiation.

— Prends garde, vieux ! — cria Tortillard — tu manges dans le rôle à M. Moëssard... Connu ! connu !!

Le Maître d'école n'écouta pas le fils de Bras-Rouge.

— Cela t'étonne de m'entendre parler ainsi, la Chouette ? Si j'avais continué de m'étourdir, ou par d'autres sanglants forfaits, ou par l'ivresse farouche de la vie du bagne, jamais ce changement salutaire ne se fût opéré en moi, je le sais bien...

Mais seul, mais aveugle, mais bourrelé de remords qui se *voient*, à quoi songer ?

A de nouveaux crimes ?

Comment les commettre ?

A une évasion ?

Comment m'évader?..

Et si je m'évadais... où irais-je?.. que ferais-je de ma liberté?

Non, il me faut vivre désormais dans une nuit éternelle, entre les angoisses du repentir et l'épouvante des apparitions formidables dont je suis poursuivi...

Quelquefois pourtant.... un faible rayon d'espoir... vient luire au milieu de mes ténèbres... un moment de calme succède à mes tourments... oui... car quelquefois je parviens à conjurer les spectres qui m'obsèdent, en leur opposant les souvenirs d'un passé honnête et paisible, en remontant par la pensée jusqu'aux premiers temps de ma jeunesse, de mon enfance...

Heureusement, vois-tu, les plus grands scélérats ont du moins quelques années de paix et d'innocence à opposer à leurs années criminelles et sanglantes.

On ne naît pas méchant...

Les plus pervers ont eu la candeur aimable de l'enfance... ont connu les douces joies de cet âge charmant... Aussi, je te le répète, parfois je ressens une consolation amère en me disant : Je suis à cette heure voué à l'exécration de tous, mais il a été un temps où l'on m'aimait, où l'on me protégeait, parce que j'étais inoffensif et bon...

Hélas !.. il faut bien me réfugier dans le passé... quand je le puis... là seulement je trouve quelque calme...

En prononçant ces dernières paroles, l'accent du Maître d'école avait perdu de sa rudesse; cet homme indomptable semblait profondément ému, il ajouta :

— Tiens, vois-tu, la salutaire influence de ces pensées est telle que ma fureur s'apaise... le courage.... la force...., la volonté me manquent pour te punir.... non.... ce n'est pas à moi de verser ton sang...

— Bravo, vieux ! Vois-tu, la Chouette, que c'était une frime... — cria Tortillard en applaudissant.

— Non, ce n'est pas à moi de verser ton sang — reprit le Maître d'école — ce serait un meurtre... excusable peut-être... mais ce serait toujours un meurtre... et j'ai assez des trois spectres... et puis, qui sait ?.. tu te repentiras peut-être aussi un jour... toi ?

En parlant ainsi le Maître d'école avait machinalement rendu à la Chouette quelque liberté de mouvement.

Elle en profita pour saisir le stylet qu'elle avait placé dans son corsage après le meurtre de Sarah... et pour porter un violent coup de cette arme au bandit, afin de se débarrasser tout à fait de lui.

Il poussa un cri de douleur perçant.

Les ardeurs féroces de sa haine, de sa vengeance, de sa rage, ses instincts sanguinaires, brusquement réveillés et exaspérés par cette attaque, firent une explosion soudaine, terrible, où s'abîma sa raison, déjà fortement ébranlée par tant de secousses.

— Ah! vipère... j'ai senti ta dent! — s'écria-t-il d'une voix tremblante de fureur, en étreignant avec force la Chouette, qui avait cru lui échapper; tu rampais dans le caveau... hein? — ajouta-t-il de plus en plus égaré; — mais je te vais écraser... vipère ou chouette... Tu attendais sans doute la venue des fantômes... Oui, car le sang me bat dans les tempes... mes oreilles tintent... la tête me tourne... comme lorsqu'ils doivent venir... Oui, je ne me trompe pas... Oh! les voilà... du fond des ténèbres, ils s'avancent... Ils s'avancent... Comme ils sont pâles... et leur sang, comme il coule... rouge et fumant... Cela t'épouvante... tu te débats... Eh bien! sois tranquille, tu ne les verras pas, les fantômes... non... tu ne les verras pas... j'ai pitié de toi... je vais te rendre aveugle... Tu seras comme moi... SANS YEUX...

Ici le Maître d'école fit une pause...

La Chouette jeta un cri si horrible, que Tortillard épouvanté bondit sur sa marche de pierre, et se leva debout.

Les cris effroyables de la Chouette parurent mettre le comble au vertige furieux du Maître d'école.

— Chante... — disait-il à voix basse — chante... la Chouette... chante... ton chant de mort... Tu es heureuse... tu ne vois plus les trois fantômes de nos assassinés... le petit vieillard de la rue du Roule... la femme noyée... le marchand de bestiaux... Moi je les vois... ils approchent... ils me touchent... Oh! qu'ils ont froid... ah!..

La dernière lueur de l'intelligence de ce

misérable s'éteignit dans ce cri d'épouvante, dans ce cri de damné...

Dès lors le Maître d'école ne raisonna plus, ne parla plus; il agit et rugit en bête féroce, il n'obéit plus qu'à l'instinct sauvage de la destruction pour la destruction.

Et il se passa quelque chose d'épouvantable dans les ténèbres du caveau.

On entendit un piétinement précipité, interrompu à de fréquents intervalles par un bruit sourd, retentissant comme celui d'une boîte osseuse qui rebondirait sur une pierre contre laquelle on voudrait la briser.

Des plaintes aiguës, convulsives, et un éclat de rire infernal accompagnaient chacun de ces coups.

Puis ce fut un râle... d'agonie...

Puis on n'entendit plus rien...

Rien que le piétinement furieux... rien que les coups sourds et rebondissants qui continuèrent toujours...

Bientôt un bruit lointain de pas et de voix arriva jusqu'aux profondeurs du caveau... De vives lueurs brillèrent à l'extrémité du passage souterrain.

Tortillard, glacé de terreur par la scène ténébreuse à laquelle il venait d'assister sans la voir, aperçut plusieurs personnes portant des lumières descendre rapidement l'escalier... En un moment la cave fut envahie par plusieurs agents de sûreté, à la tête desquels était Narcisse Borel... des gardes municipaux fermaient la marche.

Tortillard fut saisi sur les premières marches du caveau, tenant encore à la main le cabas de la Chouette.

Narcisse Borel, suivi de quelques-uns des siens, descendit dans le caveau du Maître d'école.

Tous s'arrêtèrent, frappés d'un hideux spectable.

Enchaîné par la jambe à une pierre énorme placée au milieu du caveau, le Maître d'école, horrible, monstrueux, la crinière hérissée, la barbe longue, la bouche écumante, vêtu de haillons ensanglantés, tournait comme une bête fauve autour de son cachot, traînant après lui, par les deux pieds, le cadavre de la Chouette, dont la tête était horriblement mutilée, brisée, écrasée.

Il fallut une lutte violente pour lui arracher les restes sanglants de sa complice et pour parvenir à le garrotter.

Après une vigoureuse résistance, on parvint à le transporter dans la salle basse du cabaret de Bras-Rouge, vaste salle obscure, éclairée par une seule fenêtre.

Là se trouvaient, les menottes aux mains et gardés à vue, Barbillon, Nicolas Martial, sa mère et sa sœur.

Ils venaient d'être arrêtés au moment où ils entraînaient la courtière en diamants pour l'égorger.

Celle-ci reprenait ses sens dans une autre chambre.

Étendu sur le sol et contenu à peine par deux agents, le Maître d'école, légèrement blessé au bras par la Chouette, mais complétement insensé, soufflait, mugissait comme un taureau qu'on abat. Quelquefois il se soulevait tout d'une pièce par un soubresaut convulsif.

Barbillon, la tête baissée, le teint livide, plombé, les lèvres décolorées, l'œil fixe et farouche, ses longs cheveux noirs et plats retombant sur le col de sa blouse bleue déchirée dans la lutte, Barbillon était assis sur un banc; ses poignets, serrés dans des menottes de fer, reposaient sur ses genoux.

L'apparence juvénile de ce misérable (il avait à peine dix-huit ans), la régularité de ses traits imberbes, déjà flétris, dégradés, rendaient plus déplorable encore la hideuse empreinte dont la débauche et le crime avaient marqué cette physionomie.

Impassible, il ne disait pas un mot.

On ne pouvait deviner si cette insensibilité apparente était due à la stupeur ou à une froide énergie; sa respiration était fréquente; de temps à autre, de ses deux mains entravées il essuyait la sueur qui baignait son front pâle.

A côté de lui on voyait Calebasse; son bonnet avait été arraché; sa chevelure jaunâtre, serrée à la nuque par un lacet, pendait derrière sa tête en plusieurs mèches rares et effilées. Plus courroucée qu'abattue, ses joues maigres et bilieuses quelque peu colorées, elle contemplait avec dédain l'accablement de son frère Nicolas, placé sur une chaise en face d'elle.

Prévoyant le sort qui l'attendait, ce bandit, affaissé sur lui-même, la tête pendante, les genoux tremblants et s'entrechoquant, était éperdu de terreur; ses dents claquaient convulsivement, il poussait de sourds gémissements.

Seule entre tous, la mère Martial, la veuve du supplicié, debout et adossée au mur, n'avait rien perdu de son audace. La tête haute, elle jetait autour d'elle un regard ferme; ce masque d'airain ne trahissait pas la moindre émotion...

Pourtant, à la vue de Bras-Rouge, que l'on ramenait dans la salle basse après l'avoir fait assister à la minutieuse perquisition que le commissaire et son greffier venaient de faire dans toute la maison; pourtant, à la vue de Bras-Rouge, disons-nous, les traits de la veuve se contractèrent malgré elle; ses petits yeux, ordinairement ternes, s'illuminèrent comme ceux d'une vipère en furie; ses lèvres serrées devinrent blafardes, elle roidit ses deux bras garrottés... Puis, comme si elle eût regretté cette muette manifestation de colère et de haine impuissante, elle dompta son émotion et redevint d'un calme glacial.

Pendant que le commissaire verbalisait, assisté de son greffier, Narcisse Borel, se frottant les mains, jetait un regard complaisant sur la capture importante qu'il venait de faire et qui délivrait Paris d'une bande de criminels dangereux ; mais s'avouant de quelle utilité lui avait été Bras-Rouge dans cette expédition, il ne put s'empêcher de lui jeter un regard expressif et reconnaissant.

Le père de Tortillard devait partager jusqu'après leur jugement la prison et le sort de ceux qu'il avait dénoncés; comme eux il portait des menottes ; plus qu'eux encore il avait l'air tremblant, consterné, grimaçant de toutes ses forces sa figure de fouine pour lui donner une expression désespérée, poussant des soupirs lamentables. Il embrassait Tortillard, comme s'il eût cherché quelques consolations dans ces caresses paternelles.

Le petit boiteux se montrait peu sensible à ces preuves de tendresse : il venait d'apprendre qu'il serait jusqu'à nouvel ordre transféré dans la prison [des jeunes détenus.

— Quel malheur de quitter mon fils chéri! — s'écriait Bras-Rouge en feignant l'attendrissement ; — c'est nous deux qui sommes les plus malheureux, mère Martial... car on nous sépare de nos enfants.

La veuve ne put garder plus long-temps son sang-froid ; ne doutant pas de la trahison de Bras-Rouge, qu'elle avait pressentie, elle s'écria :

— J'étais bien sûre que tu avais vendu mon fils de Toulon... Tiens, Judas !.. — et elle lui cracha à la face. — Tu vends nos têtes... soit ! on verra de belles morts... des morts de vrais Martial !

— Oui... on ne boudera pas devant *la Carline*—ajouta Calebasse avec une exaltation sauvage.

La veuve, montrant Nicolas d'un coup d'œil de mépris écrasant, dit à sa fille :

— Ce lâche-là nous déshonorera sur l'échafaud !

Quelques moments après, la veuve et Calebasse, accompagnées de deux agents, montaient en fiacre pour se rendre à Saint-Lazare.

Barbillon, Nicolas et Bras-Rouge étaient conduits à la Force.

On transportait le Maître d'école au dépôt de la Conciergerie, où se trouvent des cellules destinées à recevoir temporairement les aliénés.

# CHAPITRE IX.

PRÉSENTATION.

...... Le mal que font les méchants sans le savoir
est souvent plus cruel que celui qu'ils veulent faire.
(SCHILLER, *Wallenstein*, act. II.)

Quelques jours après le meurtre de madame Séraphin, la mort de la Chouette et l'arrestation de la bande de malfaiteurs surpris chez Bras-Rouge, Rodolphe se rendit à la maison de la rue du Temple.

Nous l'avons dit, voulant lutter de ruse avec Jacques Ferrand, découvrir ses crimes cachés, l'obliger à les réparer et le punir d'une manière terrible dans le cas où, à force d'adresse et d'hypocrisie, ce misérable réussirait à échapper à la vengeance des lois, Rodolphe avait fait venir d'une prison d'Allemagne une créole métisse, femme indigne du nègre David.

Arrivée la veille, cette créature, aussi belle que pervertie, aussi enchanteresse que dangereuse, avait reçu des instructions détaillées du baron de Graün.

On a vu dans le dernier entretien de Rodolphe avec madame Pipelet que celle-ci ayant très-adroitement proposé Cécily à madame Séraphin pour remplacer Louise Morel comme servante du notaire, la femme de charge avait parfaitement accueilli ses ouvertures, et promis d'en parler à Jacques Ferrand, ce qu'elle avait fait dans les termes les plus favorables à Cécily, le matin même du jour où elle (madame Séraphin) avait été noyée à l'île du Ravageur.

Rodolphe venait donc savoir le résultat de la *présentation* de Cécily.

A son grand étonnement, en entrant dans la loge, il trouva, quoiqu'il fût onze heures du matin, M. Pipelet couché et Anastasie debout auprès de son lit, lui offrant un breuvage.

Alfred, dont le front et les yeux disparaissaient sous un formidable bonnet de coton, ne répondait pas à Anastasie, elle en conclut qu'il dormait et ferma les rideaux du lit; en se retournant, elle aperçut Rodolphe. Aussitôt elle se mit, selon son usage, au *port d'armes*, le revers de sa main gauche collé à sa perruque.

— Votre servante, mon roi des locataires, vous me voyez bouleversée, ahurie, exténuée. Il y a de fameux tremblements dans la maison... sans compter qu'Alfred est alité depuis hier.

— Et qu'a-t-il donc?

— Est-ce que ça se demande?

— Comment?

— Toujours du même numéro. Le monstre s'acharne de plus en plus après Alfred, il me l'abrutit, que je ne sais plus qu'en faire...

— Encore Cabrion?

— Encore.

— C'est donc le diable?

— Je finirai par le croire, monsieur Rodolphe; car ce gredin-là devine toujours les moments où je suis sortie... A peine ai-je les talons tournés que, crac, il est ici sur le dos de mon vieux chéri, qui n'a pas plus de défense qu'un enfant. Hier encore, pendant que j'étais allée chez M. Ferrand, le notaire... C'est encore là où il y a du nouveau.

— Et Cécily? — dit vivement Rodolphe; — je venais savoir...

— Tenez, mon roi des locataires, ne m'embrouillez pas; j'ai tant... tant de choses à vous dire... que je m'y perdrai, si vous rompez mon fil.

— Voyons... je vous écoute...

— D'abord, pour ce qui est de la maison, figurez-vous qu'hier on est venu arrêter la mère Burette.

— La prêteuse sur gages du second?

— Mon Dieu oui; il paraît qu'elle en avait de drôles de métiers, outre celui de prêteuse! elle était par là-dessus recéleuse, haricandeuse, fondeuse, voleuse, allumeuse, enjôleuse, brocanteuse, fricoteuse, enfin tout ce qui rime à gueuse; le pire, c'est que son vieil amoureux, M. Bras-Rouge, notre principal locataire, est aussi arrêté... Je vous dis que c'est un vrai tremblement dans la maison, quoi!

— Aussi arrêté... Bras-Rouge?

— Oui, dans son cabaret des Champs-Élysées; on a coffré jusqu'à son fils Tortillard, ce méchant petit boiteux... On dit qu'il s'est passé chez lui un tas de massacres; qu'ils étaient là une bande de scélérats; que la Chouette, une des amies de la mère Burette, a été étranglée, et que si on n'était pas venu à temps, ils assassinaient la mère Mathieu, la courtière en pierreries, qui faisait travailler ce pauvre Morel... En voilà-t-il de ces nouvelles!

— Bras-Rouge arrêté! la Chouette morte! — se dit Rodolphe avec étonnement — l'horrible vieille a mérité son sort; cette pauvre Fleur-de-Marie est du moins vengée.

— Voilà donc pour ce qui est d'ici.. sans compter la nouvelle infamie de Cabrion, je vas tout de suite en finir avec ce brigand-là... Vous allez voir quel front! Quand on a arrêté la mère Burette, et que nous avons su que Bras-Rouge, notre principal locataire, était aussi pincé, j'ai dit au vieux chéri : Faut qu'tu trottes tout de suite chez le propriétaire, lui apprendre que M. Bras-Rouge est coffré.

Alfred part. Au bout de deux heures, il m'arrive... mais dans un état... mais dans un état... blanc comme un linge et soufflant comme un bœuf.

— Quoi donc encore?

— Vous allez voir, monsieur Rodolphe : figurez-vous qu'à dix pas d'ici il y a un grand mur blanc; mon vieux chéri, en sortant de la maison, regarde par hasard sur ce mur; qu'est-ce qu'il y voit écrit au charbon en grosses lettres? *Pipelet—Cabrion*, les deux noms joints par un grand trait d'union (c'est ce trait *d'union* avec ce scélérat-là qui l'estomaque le plus, mon vieux chéri). Bon, ça commence à le renverser; dix pas plus loin, qu'est-ce qu'il voit sur la grande porte du Temple? encore *Pipelet—Cabrion*, toujours avec un trait d'union; il va toujours, à chaque pas, monsieur Rodolphe, il voit écrit ces damnés noms sur les murs des maisons, sur les portes, partout *Pipelet—Cabrion* (1). Mon vieux chéri commençait à y voir trente-six

(1) On se souvient peut-être qu'on pouvait lire, il a quelques années, sur tous les murs et dans tous les quartiers de Paris le nom de *Crédeville*, ainsi écrit par suite d'une *charge* d'atelier.

chandelles, il croyait que tous les passants le regardaient; il enfonçait son chapeau sur son nez. tant il était honteux. Il prend le boulevard, croyant que ce gueux de Cabrion aura borné ses immondices à la rue du Temple. Ah bien oui!... tout le long des boulevards, à chaque endroit où il y avait de quoi écrire, toujours *Pipelet—Cabrion* à mort!! Enfin le pauvre cher homme est arrivé si bouleversé chez le propriétaire, qu'après avoir bredouillé, pataugé, barboté pendant un quart d'heure au vis-à-vis du propriétaire, celui-ci n'a rien compris du tout à ce qu'Alfred venait lui chanter; il l'a renvoyé en l'appelant vieil imbécile, et lui a dit de m'envoyer pour expliquer la chose. Bon! Alfred sort, s'en revient par un autre chemin pour éviter les noms qu'il avait vus écrits sur les murs... Ah bien oui!...

— Encore Pipelet et Cabrion!

— Comme vous dites, mon roi des locataires; de façon que le pauvre cher homme m'est arrivé ici abruti, ahuri, voulant s'exiler. Il me raconte l'histoire, je le calme comme je peux, je le laisse, et je pars avec mademoiselle

Cécily pour aller chez le notaire... avant d'aller chez le propriétaire... Vous croyez que c'est tout?.... joliment! A peine avais-je le dos tourné, que ce Cabrion, qui avait guetté ma sortie, a eu le front d'envoyer ici deux grandes drôlesses qui se sont mises aux trousses d'Alfred... Tenez, les cheveux m'en dressent sur la tête... je vous dirai cela tout à l'heure... finissons du notaire.

Je pars donc en fiacre avec mademoiselle Cécily... comme vous me l'aviez recommandé... Elle avait son joli costume de paysanne allemande, vu qu'elle arrivait et qu'elle n'avait pas eu le temps de s'en faire faire un autre, ainsi que je devais le dire à M. Ferrand.

Vous me croirez si vous voulez, mon roi des locataires, j'ai vu bien des jolies filles; je me suis vue moi-même dans mon printemps; mais jamais je n'ai vu (moi comprise) une jeunesse qui puisse approcher à cent piques de Cécily.... Elle a surtout dans le regard de ses grands scélérats d'yeux noirs.... quelque chose... quelque chose... enfin on ne sait pas ce que c'est; mais pour sûr... il y a quelque chose qui vous frappe... Quels yeux!

Enfin, tenez, Alfred n'est pas suspect; eh bien! la première fois qu'elle l'a regardé, il est devenu rouge comme une carotte, ce pauvre vieux chéri... et pour rien au monde il n'aurait voulu fixer la donzelle une seconde fois... il en a eu pour une heure à se trémousser sur sa chaise, comme s'il avait été assis sur des orties; il m'a dit après qu'il ne savait pas comment ça se faisait, mais que le regard de Cécily lui avait rappelé toutes les histoires de cet effronté de Bradamanti sur les sauvagesses qui le faisaient tant rougir, ma vieille bégueule d'Alfred...

— Mais le notaire? le notaire?

— M'y voilà, monsieur Rodolphe. Il était environ sept heures du soir quand nous arrivons chez M. Ferrand; je dis au portier d'avertir son maître que c'est madame Pipelet qui est là avec la bonne dont madame Séraphin lui a parlé et qu'elle lui a dit d'amener. Là-dessus, le portier pousse un soupir et me demande si je sais ce qui est arrivé à madame Séraphin. Je lui dis que non... Ah! monsieur Rodolphe, en voilà encore un autre tremblement!

— Quoi donc?

— La Séraphin s'est noyée dans une partie de campagne qu'elle avait été faire avec une de ses parentes.

— Noyée!... Une partie de campagne en hiver!.. — dit Rodolphe surpris.

— Mon Dieu, oui, monsieur Rodolphe, noyée... Quant à moi, ça m'étonne plus que cela ne m'attriste; car depuis le malheur de cette pauvre Louise, qu'elle avait dénoncée, je la détestais, la Séraphin. Aussi, ma foi, je me dis: Elle s'est noyée, eh bien! elle s'est noyée... après tout... je n'en mourrai pas... Voilà mon caractère.

— Et M. Ferrand?

— Le portier me dit d'abord qu'il ne croyait pas que je pourrais voir son maître, et me prie d'attendre dans sa loge; mais au bout d'un moment il revient me chercher; nous traversons la cour, et nous entrons dans une chambre au rez-de-chaussée.

Il n'y avait qu'une mauvaise chandelle pour éclairer. Le notaire était assis au coin d'un feu où fumaillait un restant de tison... Quelle baraque!... Je n'avais jamais vu

M. Ferrand... Dieu de Dieu, est-il vilain ! En voilà encore un qui aurait beau m'offrir le trône de l'Arabie pour faire des traits à Alfred....

— Et le notaire a-t-il paru frappé de la beauté de Cécily ?

— Est-ce qu'on peut le savoir avec ses lunettes vertes ?.. un vieux sacristain pareil, ça ne doit pas se connaître en femmes. Pourtant, quand nous sommes entrées toutes les deux, il a fait comme un soubresaut sur sa chaise ; c'était sans doute l'étonnement de voir le costume alsacien de Cécily ; car elle avait (en cent milliards de fois mieux) la tournure d'une de ces marchandes de petits balais, avec ses cotillons courts et ses jolies jambes chaussées de bas bleus à coins rouges ; sapristi... quel mollet !.. et la cheville si mince !.. et le pied si mignon !.. finalement le notaire a eu l'air ahuri en la voyant.

— C'était sans doute la bizarrerie du costume de Cécily qui le frappait ?

— Faut croire ; mais le moment croustilleux approchait. Heureusement je me suis rappelé la maxime que vous m'avez dite, monsieur Rodolphe ; ça a été mon salut.

— Quelle maxime ?

— Vous savez : *C'est assez que l'un veuille pour que l'autre ne veuille pas, ou que l'un ne veuille pas pour que l'autre veuille.* Alors je me dis à moi-même : Il faut que je débarrasse mon roi des locataires de son Allemande, en la colloquant au maître de Louise ; hardi ! je vas faire une frime, et voilà que je dis au notaire, sans lui donner le temps de respirer :

« Pardon, monsieur, si ma nièce vient habillée à la mode de son pays ; mais elle arrive, elle n'a que ces vêtements-là, et je n'ai pas de quoi lui en faire faire d'autres, d'autant plus que ça ne sera pas la peine ; car nous venons seulement pour vous remercier d'avoir dit à madame Séraphin que vous consentiez à voir Cécily, d'après les bons renseignements que j'avais donnés sur elle ; mais je ne crois pas qu'elle puisse convenir à monsieur. »

— Très-bien, madame Pipelet.

« Pourquoi votre nièce ne me conviendrait-elle pas ? dit le notaire, qui s'était remis au coin de son feu, et avait l'air de nous regarder par-dessus ses lunettes.

» Parce que Cécily commence à avoir le mal du pays, monsieur. Il n'y a pas trois jours qu'elle est ici, et elle veut déjà s'en retourner, quand elle devrait mendier sur la route en vendant des petits balais comme ses payses.

» Et vous qui êtes sa parente, me dit M. Ferrand, vous souffririez cela?

» Dame, monsieur, je suis sa parente, c'est vrai; mais elle est orpheline, elle a vingt ans, et elle est maîtresse de ses actions.

» Bah! bah! maîtresse de ses actions, à cet âge-là on doit obéir à ses parents, reprit-il brusquement.

» Là-dessus voilà Cécily qui se met à pleurnicher et à trembler en se serrant contre moi; c'était le notaire qui lui faisait peur, bien sûr... »

— Et Jacques Ferrand?

— Il grommelait toujours en marronnant:

« Abandonner une fille à cet âge-là, c'est vouloir la perdre! S'en retourner en Allemagne en mendiant, belle ressource! Et vous, sa tante, vous souffrez une telle conduite?...

» Bien, bien, que je me dis, tu vas tout seul, grigou, je te colloquerai Cécily ou j'y perdrai mon nom.

» Je suis sa tante, c'est vrai, que je réponds en grognant, et c'est une malheureuse parenté pour moi ; j'ai bien assez de charges ; j'aimerais autant que ma nièce s'en aille que de l'avoir sur les bras. Que le diable emporte les parents qui vous envoient une grande fille comme ça sans seulement l'affranchir ! Pour le coup, voilà Cécily, qui avait l'air d'avoir le mot, qui se met à fondre en larmes... Là-dessus le notaire prend son creux comme un prédicateur, et se met à me dire :

» Vous devez compte à Dieu du dépôt que la Providence a remis entre vos mains ; ce serait un crime que d'exposer cette jeune fille à la perdition. Je consens à vous aider dans une œuvre charitable, si votre nièce me promet d'être laborieuse, honnête et pieuse, et surtout de ne jamais, mais jamais sortir de chez moi, j'aurai pitié d'elle et je la prendrai à mon service.

» Non, non, j'aime mieux m'en retourner au pays, dit Cécily en pleurant encore.

— Sa dangereuse fausseté ne lui a pas fait défaut... — pensa Rodolphe; — la diabolique créature a, je le vois, parfaitement compris les ordres du baron de Graün. — Puis le prince reprit tout haut:

— M. Ferrand paraissait-il contrarié de la résistance de Cécily?

— Oui, monsieur Rodolphe; il marronnait entre ses dents et il lui a dit brusquement :

« Il ne s'agit pas de ce que vous aimeriez mieux, mademoiselle, mais de ce qui est convenable et décent; le ciel ne vous abandonnera pas si vous menez une bonne conduite et si vous accomplissez vos devoirs religieux. Vous serez ici dans une maison aussi sévère que sainte; si votre tante vous aime réellement, elle profitera de mon offre; vous aurez des gages faibles d'abord; mais si par votre sagesse et votre zèle vous méritez mieux, plus tard peut-être je les augmenterai. »

—Bon! que je m'écrie à moi-même, enfoncé le notaire! voilà Cécily colloquée chez toi, vieux fesse-mathieu, vieux sans-cœur! La Séraphin était à ton service depuis des années, et tu n'as pas seulement l'air de te souvenir qu'elle s'est noyée avant-hier... Et je reprends tout haut :

« Sans doute, monsieur, la place est avantageuse, mais si cette jeunesse a le mal du pays...

» Ce mal passera, me répond le notaire ; voyons, décidez-vous... est-ce oui ou non?... Si vous y consentez, amenez-moi votre nièce demain soir à la même heure, et elle entrera tout de suite à mon service... mon portier la mettra au fait... Quant aux gages, je donne en commençant vingt francs par mois et vous serez nourrie.

» Ah! monsieur, vous mettrez bien cinq francs de plus?..

» Non, plus tard... si je suis content, nous verrons... Mais je dois vous prévenir que votre nièce ne sortira jamais, et que personne ne viendra la voir.

» Eh! mon Dieu, monsieur, qui voulez-vous qui vienne la voir? elle ne connaît que moi à Paris, et j'ai ma porte à garder ; ça m'a assez dérangée d'être obligée de l'accompagner ici ; vous ne me verrez plus, elle me sera aussi étrangère que si elle n'était jamais venue de son pays. Quant à ce qu'elle ne sorte pas, il y a un moyen bien simple : laissez-lui le costume de son pays, elle n'osera pas aller habillée comme cela dans les rues.

» Vous avez raison, me dit le notaire; c'est d'ailleurs respectable de tenir aux vêtements de son pays... Elle restera donc vêtue en Alsacienne.

» Allons, que je dis à Cécily, qui, la tête basse, pleurnichait toujours, il faut te décider, ma fille; une bonne place dans une honnête maison ne se trouve pas tous les jours; et d'ailleurs, si tu refuses, arrange-toi comme tu voudras, je ne m'en mêle plus. »

Là-dessus Cécily répond en soupirant, le cœur tout gros, qu'elle consent à rester, mais à condition que, si dans une quinzaine de jours le mal du pays la tourmente trop, elle pourra s'en aller.

« Je ne veux pas vous garder de force, dit le notaire, et je ne suis pas embarrassé de trouver des servantes. Voilà votre denier à Dieu; votre tante n'aura qu'à vous ramener ici demain soir.

» Cécily n'avait pas cessé de pleurnicher.

J'ai accepté pour elle le denier-à-Dieu de quarante sous de ce vieux pingre, et nous sommes revenues ici. »

— Très-bien, madame Pipelet! je n'oublie pas ma promesse; voilà ce que je vous ai promis si vous parveniez à me placer cette pauvre fille qui m'embarrassait...

— Attendez à demain, mon roi des locataires — dit madame Pipelet en refusant l'argent de Rodolphe; — car enfin M. Ferrand n'a qu'à se raviser, quand ce soir je vas lui conduire Cécily...

— Je ne crois pas qu'il se ravise; mais où est-elle?

— Dans le cabinet qui dépend de l'appartement du commandant; elle n'en bouge pas d'après vos ordres; elle a l'air résignée comme un mouton, quoiqu'elle ait des yeux... ah! quels yeux!.. Mais à propos du commandant, est-il intrigant! Lorsqu'il est venu lui-même surveiller l'emballement de ses meubles, est-ce qu'il ne m'a pas dit que s'il venait ici des lettres adressées à une *madame Vincent*, c'était pour lui, et de les lui envoyer *rue Mondovi, n° 5?* Il se fait écrire sous un nom de femme, ce bel oiseau! comme c'est malin!.. Mais ce n'est pas tout, est-ce qu'il n'a pas eu l'effronterie de me demander ce qu'était devenu son bois!.. — Votre bois!.. pourquoi donc pas votre forêt, tout de suite? que je lui ai répondu. — Tiens, c'est vrai, pour deux mauvaises voies... de rien du tout : une de flotté et une de neuf, car il n'avait pas pris tout bois neuf, le grippe-sous... faisait-il son embarras! Son bois! Je l'ai brûlé, votre bois — que je lui dis — pour sauver vos effets de l'humidité; sans cela, il aurait poussé des champignons sur votre calotte brodée et sur votre robe de chambre de ver luisant, que vous avez mise joliment souvent pour le roi de Prusse... en attendant cette petite dame qui se moquait de vous.

Un gémissement sourd et plaintif d'Alfred interrompit madame Pipelet.

— Voilà le vieux chéri qui rumine, il va s'éveiller... vous permettez, mon roi des locataires?

— Certainement... j'ai d'ailleurs encore quelques renseignements à vous demander.

— Eh bien!.. vieux chéri, comment ça va-t-il? — demanda madame Pipelet à son mari, en ouvrant ses rideaux ; — voilà M. Rodolphe, il sait la nouvelle infamie de Cabrion, il te plaint de tout son cœur.

— Ah ! monsieur — dit Alfred en tournant languissamment sa tête vers Rodolphe — cette fois je n'en relèverai pas...: le monstre m'a frappé au cœur... je suis l'objet des brocards de la capitale... mon nom se lit sur tous les murs de Paris... accolé à celui de ce misérable, *Pipelet—Cabrion,* avec un énorme trait d'union... *môssieur...* un trait d'union... moi !.. uni à cet infernal polisson aux yeux de la capitale de l'Europe !

— M. Rodolphe sait cela... mais ce qu'il ne sait pas, c'est ton aventure d'hier soir avec ces deux grandes drôlesses.

— Ah ! monsieur, il avait gardé sa plus monstrueuse infamie pour la dernière ; celle-là a passé toutes les bornes — dit Alfred d'une voix dolente.

— Voyons, mon cher monsieur Pipelet... racontez-moi ce nouveau malheur.

— Tout ce qu'il m'a fait jusqu'à présent n'était rien auprès de cela, monsieur... Il est arrivé à ses fins... grâce aux procédés les plus honteux... Je ne sais si je vais avoir la force de faire ce narré... la confusion... la pudeur m'entraveront à chaque pas.

M. Pipelet, s'étant mis péniblement sur son séant, croisa pudiquement les revers de son gilet de laine, et commença *en ces termes* :

— Mon épouse venait de sortir; absorbé dans l'amertume que me causait la nouvelle prostitution de mon nom écrit sur tous les murs de la capitale, je cherchais à me distraire en m'occupant d'un ressemelage d'une botte vingt fois reprise et vingt fois abandonnée, grâce aux opiniâtres persécutions de mon bourreau. J'étais assis devant une table, lorsque je vois la porte de ma loge s'ouvrir et une femme entrer.

Cette femme était enveloppée d'un manteau à capuchon; je me soulevai honnêtement de mon siége et portai la main à mon chapeau. A ce moment une seconde femme, aussi enveloppée d'un manteau à capuchon, entre dans ma loge et ferme la porte en dedans...

Quoique étonné de la familiarité de ce procédé et du silence que gardaient les deux femmes, je me ressoulève de ma chaise, et je reporte la main à mon chapeau... Alors, monsieur... non, non, je ne pourrai jamais... ma pudeur se révolte...

— Voyons, vieille bégueule... nous sommes entre hommes... va donc.

— Alors — reprit Alfred en devenant cramoisi — les manteaux tombent et qu'est-ce que je vois? Deux espèces de sirènes ou de nymphes, sans autres vêtements qu'une tunique de feuillage, la tête aussi couronnée de feuillage; j'étais pétrifié... Alors toutes deux s'avancent vers moi en me tendant leurs bras, comme pour m'engager à m'y précipiter... (1).

— Les coquines!.. — dit Anastasie.

— Les avances de ces impudiques me révoltèrent — reprit Alfred, animé d'une chaste indignation; — et selon cette habitude qui ne m'abandonne jamais dans les circonstances les plus critiques de ma vie, je restai complétement immobile sur ma chaise : alors, profi-

(1) Deux danseuses de la Porte Saint-Martin, amies de Cabrion, vêtues de maillots et d'un costume de ballet.

tant de ma stupeur, les deux sirènes s'approchent avec une espèce de cadence, en faisant des ronds de jambes et en arrondissant les bras... Je m'immobilise de plus en plus. Elles m'atteignent... elles m'enlacent.

— Enlacer un homme d'âge et marié... les gredines ! Ah ! si j'avais été là... avec mon manche à balai — s'écria Anastasie... — Je vous en aurais donné de la cadence et des ronds de jambes, gourgandines !

— Quand je me sens enlacé — reprit Alfred — mon sang ne fait qu'un tour... j'ai la petite mort... Alors l'une des sirènes... la plus effrontée, une grande blonde, se penche sur mon épaule, m'enlève mon chapeau, et me met le chef à nu, toujours en cadence... avec des ronds de jambes et en arrondissant les bras. Alors sa complice, tirant une paire de ciseaux de son feuillage, rassemble en une énorme mèche tout ce qui me restait de cheveux derrière la tête, et me coupe le tout, monsieur, le tout... toujours avec des ronds de jambes ; puis elle dit en chantonnant et en cadençant : — C'est pour Cabrion... — et l'autre impudique de répéter en chœur : — C'est pour Cabrion... c'est pour Cabrion !

Après une pause accompagnée d'un soupir douloureux, Alfred reprit :

— Pendant cette impudente spoliation... je lève les yeux et je vois collée aux vitres de la loge la figure infernale de Cabrion avec sa barbe et son chapeau pointu... il riait... il riait... il était hideux. Pour échapper à cette vision odieuse, je ferme les yeux... Quand je les ai rouverts, tout avait disparu... je me suis retrouvé sur ma chaise... le chef à nu et complétement dévasté !... Vous le voyez, monsieur, Cabrion est arrivé à ses fins à force de ruse, d'opiniâtreté et d'audace... et par quels moyens, mon Dieu !!.... Il voulait me faire passer pour son ami !... il a commencé par afficher ici que nous faisions commerce d'amitié ensemble. Non content de cela... à cette heure mon nom est accolé au sien sur tous les murs de la capitale avec un énorme trait d'union. Il n'y a pas à cette heure un habitant de Paris qui mette en doute mon intimité avec ce misérable ; il voulait de mes cheveux, il en a... il les a tous, grâce aux exactions de ces sirènes effrontées. Maintenant, monsieur, vous le voyez, il ne me reste qu'à quitter la France... ma belle France... où je croyais vivre et mourir...

Et Alfred se rejeta à la renverse sur son lit en joignant les mains.

— Mais au contraire, vieux chéri, maintenant qu'il a de tes cheveux, il te laissera tranquille.

— Me laisser tranquille! — s'écria M. Pipelet avec un soubresaut convulsif; — mais tu ne le connais pas, il est insatiable. Maintenant qui sait ce qu'il voudra de moi?

Rigolette, paraissant à l'entrée de la loge, mit un terme aux lamentations de M. Pipelet.

— N'entrez pas, mademoiselle! — cria M. Pipelet, fidèle à ses habitudes de chaste susceptibilité. — Je suis au lit et en linge.

Ce disant, il tira un de ses draps jusqu'à son menton, Rigolette s'arrêta discrètement au seuil de la porte.

— Justement, ma voisine, j'allais chez vous — lui dit Rodolphe. — Veuillez m'attendre un moment. Puis s'adressant à Anastasie : — N'oubliez pas de conduire Cécily ce soir chez M. Ferrand.

— Soyez tranquille, mon roi des locataires, à sept heures elle y sera installée. Maintenant que la femme Morel peut marcher, je la prierai de garder ma loge, car Alfred ne voudrait pas, pour un empire, rester tout seul.

# CHAPITRE X.

VOISIN ET VOISINE.

Les roses du teint de Rigolette pâlissaient de plus en plus; sa charmante figure, jusqu'alors si fraîche, si ronde, commençait à s'allonger un peu; sa piquante physionomie, ordinairement si animée, si vive, était devenue sérieuse et plus triste encore qu'elle ne l'était lors de la dernière entrevue de la grisette et de Fleur-de-Marie à la porte de la prison de Saint-Lazare.

— Combien je suis contente de vous rencontrer, mon voisin — dit Rigolette à Rodolphe, lorsque celui-ci fut sorti de la loge de madame Pipelet. — J'ai bien des choses à vous dire, allez...

— D'abord, ma voisine, comment vous portez-vous? Voyons, cette jolie figure... est-elle toujours rose et gaie? Hélas! non; je vous trouve pâle... Je suis sûr que vous travaillez trop...

— Oh! non, monsieur Rodolphe, je vous assure que maintenant je suis faite à ce petit surcroît d'ouvrage... Ce qui me change, c'est tout bonnement le chagrin. Mon Dieu, oui! toutes les fois que je vois ce pauvre Germain, je m'attriste de plus en plus.

— Il est donc toujours bien abattu?

— Plus que jamais, monsieur Rodolphe, et ce qui est désolant, c'est que tout ce que je fais pour le consoler tourne contre moi, c'est comme un sort... — et une larme vint voiler les grands yeux noirs de Rigolette.

— Expliquez-moi cela, ma voisine.

— Hier, par exemple, je vais le voir et lui porter un livre qu'il m'avait priée de lui procurer, parce que c'était un roman que nous lisions dans notre bon temps de voisinage. A la vue de ce livre, il fond en larmes; cela ne m'étonne pas, c'était bien naturel... Dame!.. ce souvenir de nos soirées si tranquilles, si gentilles au coin de mon poêle, dans ma jolie petite chambre, comparer cela à son affreuse vie de prison ; pauvre Germain! c'est bien cruel.

— Rassurez-vous — dit Rodolphe à la jeune fille — lorsque Germain sera hors de prison et que son innocence sera reconnue, il retrouvera sa mère, des amis, et il oubliera bien vite auprès d'eux et de vous ces durs moments d'épreuve.

— Oui, mais jusque-là, monsieur Rodolphe, il va encore se tourmenter davantage. Et puis ce n'est pas tout...

— Qu'y a-t-il encore?

— Comme il est le seul honnête homme au milieu de ces bandits, ils l'ont en grippe, parce qu'il ne peut pas prendre sur lui de frayer avec eux. Le gardien du parloir, un bien brave homme, m'a dit d'engager Germain, dans son intérêt, à être moins fier... à tâcher de se familiariser avec ces mauvaises gens... mais il ne le peut pas, c'est plus fort que lui, et je tremble qu'un jour ou l'autre on ne lui fasse du mal... Puis, s'interrompant tout à coup et essuyant ses larmes, Rigolette reprit : — Mais, voyez donc, je ne pense qu'à moi, et j'oublie de vous parler de la Goualeuse.

— De la Goualeuse? dit Rodolphe avec surprise.

— Avant-hier, en allant voir Louise à Saint-Lazare... je l'ai rencontrée.

— La Goualeuse?

— Oui, monsieur Rodolphe.

— A Saint-Lazare?

— Elle en sortait avec une vieille dame.

— C'est impossible!.. — s'écria Rodolphe stupéfait.

— Je vous assure que c'était bien elle, mon voisin.

— Vous vous serez trompée.

— Non, non; quoiqu'elle fût vêtue en paysanne, je l'ai tout de suite reconnue; elle est toujours bien jolie, quoique pâle, et elle a le même petit air doux et triste qu'autrefois.

— Elle, à Paris... sans que j'en sois instruit! Je ne puis le croire. Et que venait-elle faire à Saint-Lazare?

— Comme moi, voir une prisonnière sans doute; je n'ai pas eu le temps de lui en demander davantage; la vieille dame qui l'accompagnait avait l'air si grognon et si pressé... Ainsi, vous la connaissez aussi, la Goualeuse, monsieur Rodolphe?

— Certainement.

— Alors plus de doute, c'est bien de vous qu'elle m'a parlé.

— De moi?

— Oui, mon voisin. Figurez-vous que je lui racontais le malheur de Louise et de Germain, tous deux si bons, si honnêtes et si persécutés par ce vilain M. Jacques Ferrand, me gardant bien de lui apprendre, comme vous me l'aviez défendu, que vous vous intéressiez à eux; alors la Goualeuse m'a dit que si une personne généreuse qu'elle connaissait était instruite du sort malheureux et peu mérité de mes deux pauvres prisonniers, elle viendrait bien sûr à leur secours; je lui ai demandé le nom de cette personne, et elle vous a nommé, monsieur Rodolphe.

— C'est elle, c'est bien elle...

— Vous pensez que nous avons été bien étonnées toutes deux de cette découverte ou de cette ressemblance de nom; aussi nous nous sommes promis de nous écrire si notre Rodolphe était le même... Et il paraît que vous êtes le même, mon voisin.

— Oui, je me suis aussi intéressé à cette pauvre enfant... Mais ce que vous me dites de sa présence à Paris me surprend tellement, que si vous ne m'aviez pas donné tant de détails sur votre entrevue avec elle, j'aurais persisté à croire que vous vous trompiez... Mais adieu... ma voisine, ce que vous venez de m'apprendre à propos de la Goualeuse m'oblige de vous quitter... Restez toujours aussi réservée à l'égard de Louise et de Germain sur la protection que des amis inconnus leur manifesteront lorsqu'il en sera temps. Ce secret est plus nécessaire que jamais. A propos, comment va la famille Morel?

— De mieux en mieux, monsieur Rodolphe : la mère est tout à fait sur pied maintenant; les enfants reprennent à vue d'œil. Tout le ménage vous doit la vie, le bonheur... Vous êtes si généreux pour eux!... Et ce pauvre Morel, lui, comment va-t-il?

— Mieux... J'ai eu hier de ses nouvelles; il semble avoir de temps en temps quelques moments lucides; on a bon espoir de le guérir de sa folie... Allons, courage, et à bientôt, ma voisine... Vous n'avez besoin de rien? Le gain de votre travail vous suffit toujours?

— Oh! oui, monsieur Rodolphe, je prends

un peu sur mes nuits, et ce n'est guère dommage, allez, car je ne dors presque plus.

— Hélas! ma pauvre petite voisine, je crains bien que *papa Crétu* et *Ramonette* ne chantent plus beaucoup s'ils vous attendent pour commencer.

— Vous ne vous trompez pas, monsieur Rodolphe; mes oiseaux et moi nous ne chantons plus, mon Dieu non; mais, tenez, vous allez vous moquer, eh bien! il me semble qu'ils comprennent que je suis triste; oui, au lieu de gazouiller gaiement quant j'arrive, ils font un petit ramage si doux, si plaintif, qu'ils ont l'air de vouloir me consoler. Je suis folle, n'est-ce pas, de croire cela, monsieur Rodolphe?

— Pas du tout; je suis sûr que vos bons amis les oiseaux vous aiment trop pour ne pas s'apercevoir de votre chagrin.

— Au fait, ces pauvres petites bêtes sont si intelligentes — dit naïvement Rigolette, très-contente d'être rassurée sur la sagacité de ses compagnons de solitude.

— Sans doute, rien de plus intelligent que la reconnaissance... Allons, adieu... bientôt, ma voisine, avant peu, je l'espère, vos jolis yeux seront redevenus bien vifs, vos joues bien roses, et vos chants si gais, si gais... que *papa Crétu* et *Ramonette* pourront à peine vous suivre.

— Puissiez-vous dire vrai, monsieur Rodolphe! — reprit Rigolette avec un grand soupir. — Allons, adieu, mon voisin.

— Adieu, ma voisine, et à bientôt.

. . . . . . . . . . . . . . . . . . . . . . . . . . . . . . . . . .

Rodolphe, ne pouvant comprendre comment madame Georges avait, sans l'en prévenir, amené ou envoyé Fleur-de-Marie à Paris, se rendit chez lui pour envoyer un exprès à la ferme de Bouqueval.

Au moment où il rentrait rue Plumet, il vit une voiture de poste s'arrêter devant la porte de l'hôtel: c'était Murph qui revenait de Normandie.

Le squire y était allé, nous l'avons dit, pour déjouer les sinistres projets de la belle-mère de madame d'Harville et de Bradamanti son complice.

## CHAPITRE XI.

MURPH ET POLIDORI.

La figure de sir Walter Murph était rayonnante.

En descendant de voiture, il remit à un des gens du prince une paire de pistolets, ôta sa longue redingote de voyage, et, sans prendre le temps de changer de vêtements, il suivit Rodolphe, qui, impatient, l'avait précédé dans son appartement.

— Bonne nouvelle, monseigneur, bonne nouvelle! — s'écria le squire lorsqu'il se trouva seul avec Rodolphe — les misérables sont démasqués, M. d'Orbigny est sauvé... vous m'avez fait partir à temps... une heure de retard... un nouveau crime était commis!

— Et madame d'Harville?

— Elle est toute à la joie que lui cause le retour de l'affection de son père, et tout au bonheur d'être arrivée, grâce à vos conseils, assez à temps pour l'arracher à une mort certaine.

— Ainsi Polidori...

— Était encore cette fois le digne complice de la belle-mère de madame d'Harville. Mais quel monstre que cette belle-mère... quel sang-froid, quelle audace!.. et ce Polidori!.. Ah! monseigneur... vous avez bien voulu quelquefois me remercier de ce que vous appeliez mes preuves de dévouement...

— J'ai toujours dit les preuves de ton amitié, mon bon Murph...

— Eh bien! monseigneur, jamais, non jamais cette amitié n'a été mise à une plus rude épreuve que dans cette circonstance — dit le squire d'un air moitié sérieux moitié plaisant.

— Comment cela?

— Les déguisements de charbonnier, les pérégrinations dans la Cité, et *tutti quanti*, cela n'a rien été, monseigneur, rien absolument, auprès du voyage que je viens de faire avec cet infernal Polidori.

— Que dis-tu? Polidori...

— Je l'ai ramené...

— Avec toi?

— Avec moi... Jugez... quelle compagnie... pendant douze heures côte à côte avec l'homme que je méprise et que je hais le plus au monde... Autant voyager avec un serpent... ma bête d'antipathie.

— Et où est Polidori, maintenant?

— Dans la maison de l'allée des Veuves... sous bonne et sûre garde...

— Il n'a donc fait aucune résistance pour te suivre?

— Aucune... Je lui ai laissé le choix d'être arrêté sur-le-champ par les autorités françaises ou d'être mon prisonnier allée des Veuves : il n'a pas hésité.

— Tu as eu raison, il vaut mieux l'avoir ainsi sous la main. Tu es un homme d'or, mon vieux Murph ; mais raconte-moi ton voyage... Je suis impatient de savoir comment cette femme indigne et son indigne complice ont été enfin démasqués.

— Rien de plus simple : je n'ai eu qu'à suivre vos instructions à la lettre pour terrifier et écraser ces infâmes. Dans cette circonstance, monseigneur, vous avez sauvé, comme toujours, des gens de bien et puni des méchants. Noble Providence que vous êtes !..

— Sir Walter, sir Walter, rappelez-vous les flatteries du baron de Graün... — dit Rodolphe en souriant.

— Allons, soit, monseigneur. Je commencerai donc, ou plutôt vous voudrez bien lire d'abord cette lettre de madame la marquise d'Harville qui vous instruira de tout ce qui s'est passé avant que mon arrivée ait confondu Polidori.

— Une lettre ?.. donne vite.

Murph, remettant à Rodolphe la lettre de la marquise, ajouta :

— Ainsi que cela était convenu, au lieu d'accompagner madame d'Harville chez son père, j'étais descendu à une auberge servant de tournebride, à deux pas du château, où je devais attendre que madame la marquise me fît demander.

Rodolphe lut ce qui suit avec une tendre et impatiente sollicitude :

« Monseigneur,

» Après tout ce que je vous dois déjà, je vous devrai la vie de mon père !!!

» Je laisse parler les faits : ils vous diront mieux que moi quels nouveaux trésors de gratitude envers vous je viens d'amasser dans mon cœur.

» Comprenant toute l'importance des conseils que vous m'avez fait donner par sir Walter Murph, qui m'a rejointe sur la route de Normandie presque à ma sortie de Paris, je suis arrivée en toute hâte au château des Aubiers.

» Je ne sais pourquoi la physionomie des gens qui me reçurent me parut sinistre ; je ne vis parmi eux aucun des anciens serviteurs de notre maison : personne ne me connaissait. Je fus obligée de me nommer ; j'appris que depuis quelques jours mon père était très-souffrant, et que ma belle-mère venait de ramener un médecin de Paris.

» Plus de doute, il s'agissait du docteur Polidori.

» Voulant me faire conduire à l'instant auprès de mon père, je demandai où était un vieux valet de chambre auquel il était très-attaché. Depuis quelque temps cet homme avait quitté le château ; ces renseignements m'étaient donnés par un intendant qui m'avait conduite dans mon appartement, disant qu'il allait prévenir ma belle-mère de mon arrivée.

» Était-ce illusion, prévention? il me semblait que ma venue était même importune aux gens de mon père. Tout dans le château me paraissait morne, sinistre. Dans la disposition d'esprit où je me trouvais, on cherche à tirer des inductions des moindres circonstances. Je remarquai partout des traces de désordre, d'incurie, comme si on avait trouvé inutile de soigner une habitation qui devait être bientôt abandonnée...

» Mes inquiétudes, mes angoisses augmentaient à chaque instant. Après avoir établi ma fille et sa gouvernante dans mon appartement, j'allais me rendre chez mon père, lorsque ma belle-mère entra.

» Malgré sa fausseté, malgré l'empire qu'elle possédait ordinairement sur elle-même, elle parut atterrée de ma brusque arrivée.

» — M. d'Orbigny ne s'attend pas à votre visite, madame — me dit-elle. — Il est si souffrant qu'une pareille surprise lui serait funeste. Je crois donc convenable de lui laisser ignorer votre présence; il ne pourrait aucunement se l'expliquer, et...

» Je ne la laissai pas achever.

» — Un grand malheur est arrivé, madame — lui dis-je. — M. d'Harville est mort... victime d'une funeste imprudence. Après un si déplorable événement, je ne pouvais rester à Paris chez moi, et je viens passer auprès de mon père les premiers temps de mon deuil.

» — Vous êtes veuve!... — ah! c'est un bonheur insolent! — s'écria ma belle-mère avec rage.

» D'après ce que vous savez du malheureux mariage que cette femme avait tramé pour se venger de moi, vous comprendrez, monseigneur, l'atrocité de son exclamation.

» — C'est parce que je crains que vous ne vouliez être *aussi insolemment* heureuse que moi, madame, que je viens ici — lui dis-je peut-être imprudemment. — Je veux voir mon père.

» — Cela est impossible dans ce moment — me dit-elle en pâlissant; votre aspect lui causerait une révolution dangereuse.

» — Puisque mon père est si gravement malade — m'écriai-je — comment n'en suis-je pas instruite?

» — Telle a été la volonté de M. d'Orbigny — me répondit ma belle-mère.

» — Je ne vous crois pas, madame, et je vais m'assurer de la vérité — lui dis-je en faisant un pas pour sortir de ma chambre.

» — Je vous répète que votre vue inattendue peut faire un mal horrible à votre père — s'écria-t-elle en se plaçant devant moi pour me barrer le passage. — Je ne souffrirai pas que vous entriez chez lui sans que je l'aie prévenu de votre retour avec les ménagements que réclame sa position.

» J'étais dans une cruelle perplexité, monseigneur. Une brusque surprise pouvait, en effet, porter un coup dangereux à mon père; mais cette femme, ordinairement si froide, si maîtresse d'elle-même, me semblait tellement épouvantée de ma présence, j'avais tant de raisons de douter de la sincérité de sa sollicitude pour la santé de celui qu'elle avait épousé par cupidité, enfin la présence du docteur Polidori, le meurtrier de ma mère, me causait une terreur si grande que, croyant la vie de mon père menacée, je n'hésitai pas entre l'espoir de le sauver et la crainte de lui causer une émotion fâcheuse.

» — Je verrai mon père à l'instant — dis-je à ma belle-mère.

» Et quoique celle-ci m'eût saisie par le bras, je passai outre...

» Perdant complétement l'esprit, cette femme voulut, une seconde fois, presque par force, m'empêcher de sortir de ma chambre... Cette incroyable résistance redoubla ma frayeur... je me dégageai de ses mains... Connaissant l'appartement de mon père, j'y courus rapidement : j'entrai...

» Oh! monseigneur! de ma vie je n'oublierai cette scène et le tableau qui s'offrit à ma vue...

» Mon père, presque méconnaissable, pâle, amaigri, la souffrance peinte sur tous les traits, la tête renversée sur un oreiller, était étendu dans un grand fauteuil...

» Au coin de la cheminée, debout auprès de lui, le docteur Polidori s'apprêtait à verser dans une tasse que lui présentait une garde-malade quelques gouttes d'une liqueur contenue dans un petit flacon de cristal qu'il tenait à la main...

» Sa longue barbe rousse donnait une expression plus sinistre encore à sa physionomie. J'entrai si précipitamment qu'il fit un geste de surprise, échangea un regard d'intelligence avec ma belle-mère qui me suivait en hâte, et, au lieu de faire prendre à mon père la potion qu'il lui avait préparée, il posa brusquement le flacon sur la cheminée.

» Guidée par un instinct dont il m'est encore impossible de me rendre compte, mon premier mouvement fut de m'emparer de ce flacon.

» Remarquant aussitôt la surprise et la frayeur de ma belle-mère et de Polidori, je me félicitai de mon action. Mon père, stupéfait, semblait irrité de me voir, je m'y attendais. Polidori me lança un coup d'œil féroce; malgré la présence de mon père et celle de la garde-malade, je craignis que ce misérable, voyant son crime presque découvert, ne se portât contre moi à quelque extrémité.

» Je sentis le besoin d'un appui dans ce moment décisif, je sonnai; un des gens de mon père accourut; je le priai de dire à mon valet de chambre (il était prévenu) d'aller chercher quelques objets que j'avais laissés au tournebride ; sir Walter Murph savait que, pour ne pas éveiller les soupçons de ma belle-mère, dans le cas où je serais obligée de donner mes ordres devant elle, j'emploierais ce moyen pour le mander auprès de moi.

» La surprise de mon père, de ma belle-mère était telle, que le domestique sortit avant qu'ils n'eussent pu dire un mot : je fus rassurée; au bout de quelques instants sir Walter Murph serait auprès de moi...

» — Qu'est-ce que cela signifie? — me dit

enfin mon père d'une voix faible, mais impérieuse et courroucée. — Vous ici, Clémence... sans que je vous y aie appelée?.. Puis à peine arrivée vous vous emparez du flacon qui contient la potion que le docteur allait me donner... m'expliquerez-vous cette folie?

» — Sortez — dit ma belle-mère à la garde-malade.

» Cette femme obéit.

» — Calmez-vous, mon ami — reprit ma belle-mère en s'adressant à mon père; — vous le savez, la moindre émotion pourrait vous être nuisible. Puisque votre fille vient ici malgré vous, et que sa présence vous est désagréable, donnez-moi votre bras, je vous conduirai dans le petit salon; pendant ce temps-là, notre bon docteur fera comprendre à madame d'Harville ce qu'il y a d'imprudent, pour ne pas dire plus, dans sa conduite...

» Et elle jeta un regard significatif à son complice.

» Je compris le dessein de ma belle-mère. Elle voulait emmener mon père et me laisser seule avec Polidori, qui, dans ce cas extrême, aurait sans doute employé la violence pour m'arracher le flacon qui pouvait fournir une preuve évidente de ses projets criminels.

» — Vous avez raison — dit mon père à ma belle-mère. — Puisqu'on vient me poursuivre jusque chez moi, sans respect pour mes volontés, je laisserai la place libre aux importuns...

» Et se levant avec peine, il accepta le bras que lui offrait ma belle-mère, et fit quelques pas vers le petit salon...

» A ce moment, Polidori s'avança vers moi; mais, me rapprochant aussitôt de mon père, je lui dis :

» — Je vais vous expliquer ce qu'il y a d'imprévu dans mon arrivée et d'étrange dans ma conduite..... Depuis hier je suis veuve.. Depuis hier je sais que vos jours sont menacés, mon père.

» Il marchait péniblement courbé. A ces mots, il s'arrêta, se redressa vivement, et me regardant avec un étonnement profond, il s'écria :

» — Vous êtes veuve... mes jours sont menacés !.. Qu'est-ce que cela signifie?

» — Et qui ose menacer les jours de

M. d'Orbigny, madame? — me demanda audacieusement ma belle-mère.

» — Oui, qui les menace?.. — ajouta Polidori.

» — Vous, monsieur; vous, madame — répondis-je.

» — Quelle horreur!.. — s'écria ma belle-mère en faisant un pas vers moi.

» — Ce que je dis, je le prouverai, madame... — lui répondis-je.

» — Mais une telle accusation est épouvantable!... — s'écria mon père.

» — Je quitte à l'instant cette maison, puisque j'y suis exposé à de si atroces calomnies!... — dit le docteur Polidori avec l'indignation apparente d'un homme outragé dans son honneur. Commençant à sentir le danger de sa position, il voulait fuir sans doute.

» Au moment où il ouvrait la porte, il se trouva face à face avec sir Walter Murph... »

Rodolphe, s'interrompant de lire, tendit la main au squire et lui dit:

— Très-bien, mon vieil ami, ta présence a dû foudroyer ce misérable.

— C'est le mot, monseigneur... il est devenu livide... et a fait deux pas en arrière en me regardant avec stupeur; il semblait anéanti... Me retrouver au fond de la Normandie, dans un moment pareil!... il croyait faire un mauvais rêve... Mais continuez, monseigneur, vous allez voir que cette infernale comtesse d'Orbigny a eu aussi son tour de *foudroiement*, grâce à ce que vous m'aviez appris de sa visite au charlatan Bradamanti-Polidori dans la maison de la rue du Temple... car, après tout, c'est vous qui agissiez... ou plutôt je n'étais que l'instrument de votre pensée... aussi, jamais, je vous le jure, vous ne vous êtes plus heureusement et plus justement substitué à l'indolente Providence que dans cette occasion.

Rodolphe sourit et continua la lecture de la lettre de madame d'Harville :

» A la vue de sir Walter Murph, Polidori resta pétrifié; ma belle-mère tombait de surprise en surprise; mon père, ému de cette scène, affaibli par la maladie, fut obligé de s'asseoir dans un fauteuil. Sir Walter ferma à double tour la porte par laquelle il était entré; et se plaçant devant celle qui conduisait à un autre appartement, afin que le docteur Polidori ne pût s'échapper., il dit à mon pauvre père avec l'accent du plus profond respect :

» — Mille pardons, monsieur le comte, de la licence que je prends ; mais une impérieuse nécessité, dictée par votre seul intérêt (et vous allez bientôt le reconnaître), m'oblige à agir ainsi... Je me nomme sir Walter Murph, ainsi que peut vous l'affirmer ce misérable qui, à ma vue, tremble de tous ses membres ; je suis le conseiller intime de S. A. R. monseigneur le grand-duc régnant de Gérolstein...

» — Cela est vrai — dit le docteur Polidori en balbutiant, éperdu de frayeur.

» — Mais alors, monsieur... que venez-vous faire ici ? que voulez-vous ?

» — Sir Walter Murph — repris-je en m'adressant à mon père — vient se joindre à moi pour démasquer les misérables dont vous avez failli être victime.

» Puis, remettant à sir Walter le flacon de cristal, j'ajoutai : — J'ai été assez bien inspirée pour m'emparer de ce flacon au moment où le docteur Polidori allait verser quelques gouttes de la liqueur qu'il contient dans une potion qu'il offrait à mon père.

» — Un praticien de la ville voisine analysera devant vous le contenu de ce flacon que je vais déposer entre vos mains, monsieur le comte, et s'il est prouvé qu'il renferme un poison lent et sûr — dit sir Walter Murph à mon père — il ne pourra plus vous rester de doute sur les dangers que vous couriez, et que la tendresse de madame votre fille a heureusement prévenus.

» Mon pauvre père regardait tour à tour sa femme, le docteur Polidori, moi et sir Walter d'un air égaré; ses traits exprimaient une angoisse indéfinissable. Je lisais sur son visage navré la lutte violente qui déchirait son cœur. Sans doute il résistait de tout son pouvoir à de croissants et terribles soupçons, craignant d'être obligé de reconnaitre la scélératesse de ma belle-mère; enfin, cachant sa tête dans ses mains, il s'écria :

» — Oh! mon Dieu, mon Dieu!.. tout cela est horrible... impossible. Est-ce un rêve que je fais?

» — Non, ce n'est pas un rêve... — s'écria

audacieusement ma belle-mère — rien de plus réel que cette atroce calomnie concertée d'avance pour perdre une malheureuse femme dont le seul crime a été de vous consacrer sa vie. Venez, venez, mon ami, ne restons pas une seconde de plus ici — ajouta-t-elle en s'adressant à mon père; — peut-être votre fille n'aura-t-elle pas l'insolence de vous retenir malgré vous...

» — Oui, oui, sortons — dit mon père hors de lui — tout cela n'est pas vrai, ne peut pas être vrai, je ne veux pas en entendre davantage, ma raison n'y résisterait pas... d'épouvantables méfiances s'élèveraient dans mon cœur, empoisonneraient le peu de jours qui me restent à vivre, et rien ne pourrait me consoler d'une si abominable découverte.

» Mon père semblait si souffrant, si désespéré, qu'à tout prix j'aurais voulu mettre fin à cette scène si cruelle pour lui. Sir Walter devina ma pensée; mais, voulant faire pleine et entière justice, il répondit à mon père :

» — Encore quelques mots, monsieur le comte; vous allez avoir le chagrin, sans doute bien pénible, de reconnaître qu'une femme que vous vous croyez attachée par la reconnaissance a toujours été un monstre hypocrite; mais vous trouverez des consolations certaines dans l'affection de votre fille, qui ne vous a jamais manqué.

» — Cela passe toutes les bornes! — s'écria ma belle-mère avec rage — et de quel droit, monsieur, et sur quelles preuves osez-vous baser de si effroyables calomnies? Vous dites que ce flacon contient du poison?... Je le nie, monsieur, et je le nierai jusqu'à preuve du contraire; et lors même que le docteur Polidori aurait, par méprise, *confondu un médicament avec un autre*, est-ce une raison pour oser m'accuser d'avoir voulu... de complicité avec lui... Oh! non, non, je n'achèverai pas... une idée si horrible est déjà un crime; encore une fois, monsieur, je vous défie de dire sur quelles preuves, vous et madame, osez appuyer cette affreuse calomnie... — dit ma belle-mère avec une audace incroyable.

» — Oui, sur quelles preuves? — s'écria mon malheureux père. — Il faut que la torture que l'on m'impose ait un terme.

» — Je ne suis pas venu ici sans preuves,

monsieur le comte — dit sir Walter. — Et ces preuves, les réponses de ce misérable vous les fourniront tout à l'heure. — Puis sir Walter adressa la parole en allemand au docteur Polidori, qui semblait avoir repris un peu d'assurance, mais qui la perdit aussitôt. »

— Que lui as-tu dit? — demanda Rodolphe au squire en s'interrompant de lire.

— Quelques mots significatifs, monseigneur, à peu près ceux-ci : Tu as échappé par la fuite à la condamnation dont tu avais été frappé par la justice du grand-duché ; tu demeures rue du Temple, sous le faux nom de Bradamanti ; on sait à quel abominable métier tu te livres ; tu as empoisonné la première femme du comte ; il y a trois jours, madame d'Orbigny est allé te chercher pour t'emmener ici empoisonner son mari ; S. A. R. est à Paris, elle a les preuves de tout ce que j'avance. Si tu avoues la vérité, afin de confondre cette misérable femme, tu peux espérer, non ta grâce, mais un adoucissement au châtiment que tu mérites ; tu me suivras à Paris, où je te déposerai en lieu sûr jusqu'à ce que S. A. ait décidé de toi. Sinon, de deux choses l'une, ou S. A. R. fait demander et obtient ton extradition, ou bien à l'instant même j'envoie chercher à la ville voisine un magistrat ; ce flacon renfermant du poison lui sera remis, on t'arrêtera sur-le-champ, on fera des perquisitions chez toi, rue du Temple ; tu sais combien elles te compromettront, et la justice française suivra son cours... Choisis donc...

Ces révélations, ces accusations, ces menaces qu'il savait fondées, se succédant coup sur coup, accablèrent cet infâme, qui ne s'attendait pas à me voir si bien instruit. Dans l'espoir d'adoucir la punition qui l'attendait, il n'hésita pas à sacrifier sa complice, et me répondit : « Interrogez-moi, je dirai la vérité en ce qui concerne cette femme. »

— Bien, bien, mon digne Murph, je n'attendais pas moins de toi..

— Pendant mon entretien avec Polidori, les traits de la belle-mère de madame d'Harville se décomposaient d'une manière effrayante, quoiqu'elle ne comprît pas l'allemand. Elle voyait, à l'abattement croissant de son complice, à son attitude suppliante, que je le dominais. Dans une anxiété terrible, elle cherchait à rencontrer les yeux de Polidori, afin de lui donner du courage ou d'implorer sa discrétion, mais il évitait constamment son regard.

— Et le comte ?

— Son émotion était inexprimable ; de ses doigts crispés il serrait convulsivement les bras de son fauteuil, la sueur baignait son front, il respirait à peine, ses yeux ardents, fixes, ne quittaient pas les miens, ses angoisses égalaient celles de sa femme. La suite de la lettre de madame d'Harville vous dira la fin de cette scène pénible, monseigneur.

## CHAPITRE XII.

PUNITION.

Rodolphe continua la lecture de la lettre de madame d'Harville.

« Après un entretien en allemand qui dura quelques minutes entre sir Walter Murph et Polidori, sir Walter dit à ce dernier :

« — Maintenant, répondez. N'est-ce pas madame — et il désigna ma belle-mère — qui, lors de la maladie de la première femme de M. le comte, vous a introduit chez lui comme médecin ?

» — Oui, c'est elle... — répondit Polidori.

» — Afin de servir les affreux projets de... madame... n'avez-vous pas été assez criminel pour rendre mortelle par vos prescriptions homicides la maladie d'abord légère de madame la comtesse d'Orbigny ?

» Oui — dit Polidori.

» Mon père poussa un gémissement douloureux, leva ses deux mains au ciel, et les laissa retomber avec accablement.

» — Mensonges et infamie ! — s'écria ma belle-mère. — Tout cela est faux, ils s'entendent pour me perdre.

» — Silence, madame ! — dit sir Walter Murph d'une voix imposante. — Puis continuant de s'adresser à Polidori :

» — Est-il vrai qu'il y a trois jours madame a été vous chercher rue du Temple, n° 17, où vous habitez, caché sous le faux nom de Bradamanti ?

» — Cela est vrai.

» — Madame ne vous a-t-elle pas proposé de venir ici... assassiner le comte d'Orbigny, comme vous aviez assassiné sa femme ?

» — Hélas ! je ne puis le nier — dit Polidori.

» A cette accablante révélation mon père se leva debout, menaçant ; d'un geste foudroyant il montra la porte à ma belle-mère ;

puis, me tendant les bras, il s'écria d'une voix entrecoupée :

» — Au nom de ta malheureuse mère, pardon! pardon!.. je l'ai bien fait souffrir... mais, je te le jure... j'étais étranger au crime qui l'a conduite au tombeau.

» Et avant que j'aie pu l'empêcher, mon père tomba à mes genoux.

» Lorsque moi et sir Walter nous le relevâmes, il était évanoui.

» Je sonnai les gens; sir Walter prit le docteur Polidori par le bras et sortit avec lui en disant à ma belle-mère :

» — Croyez-moi, madame, quittez cette maison avant une heure, sinon je vous livre à la justice.

» La misérable sortit de l'appartement dans un état de frayeur et de rage que vous concevrez facilement, monseigneur.

» Lorsque mon père reprit ses sens, tout ce qui venait de se passer lui parut un rêve horrible. Je fus dans la triste nécessité de lui raconter mes premiers soupçons sur la mort prématurée de ma mère, soupçons que votre connaissance des premiers crimes du docteur

Polidori, monseigneur, avait changés en certitude.

» Je dus dire aussi à mon père comment ma belle-mère m'avait poursuivie de sa haine jusque dans mon mariage, et quel avait été son but en me faisant épouser M. d'Harville...

» Autant mon père s'était montré faible, aveugle à l'égard de cette femme, autant il voulait se montrer impitoyable envers elle ; il s'accusait avec désespoir d'avoir été presque le complice de ce monstre en lui donnant sa main après la mort de ma mère ; il voulait livrer madame d'Orbigny aux tribunaux ; je lui représentai le scandale odieux d'un tel procès dont l'éclat serait si fâcheux pour lui ; je l'engageai à chasser pour jamais ma belle-mère de sa présence en lui assurant seulement ce qui lui était nécessaire pour vivre, puisqu'elle portait son nom.

» J'eus assez de peine à obtenir de mon père ces résolutions modérées ; il voulut me charger de la chasser de la maison. Cette mission m'était doublement pénible ; je songeai que sir Walter voudrait peut-être bien s'en charger... Il y consentit. »

— Et j'y ai pardieu consenti avec joie, monseigneur — dit Murph à Rodolphe; — rien ne me plaît davantage que de donner aux méchants cette espèce d'extrême-onction...

— Et qu'a dit cette femme?

— Madame d'Harville avait en effet poussé la bonté jusqu'à demander à son père une pension de cent louis pour cette infâme; ceci me parut non pas de la bonté, mais de la faiblesse: il était déjà mal de dérober à la justice une si dangereuse créature. J'allai trouver le comte, il adopta parfaitement mes observations; il fut convenu qu'on donnerait, en tout et pour tout, vingt-cinq louis à l'infâme pour la mettre à même d'attendre un emploi ou du travail. — Et à quel emploi, à quel travail, moi, comtesse d'Orbigny, pourrai-je me livrer? — me demanda-t-elle insolemment. — Ma foi, c'est votre affaire; vous serez quelque chose comme garde-malade ou gouvernante; mais, croyez moi, recherchez le métier le plus humble, le plus obscur; car si vous aviez l'audace de dire votre nom, ce nom que vous devez à un crime, on s'étonnerait de voir la comtesse d'Orbigny réduite à une telle condition; on s'informerait, et vous jugez des conséquences, si vous étiez assez insensée pour ébruiter le passé. Cachez-vous donc au loin; faites-vous surtout oublier; devenez madame Pierre ou madame Jacques, et repentez-vous... si vous pouvez. — Et vous croyez, monsieur — me dit-elle, ayant sans doute ménagé ce coup de théâtre — que je ne réclamerai pas les avantages que m'assure mon contrat de mariage? — Comment donc, madame! rien de plus juste; il serait indigne à M. d'Orbigny de ne pas exécuter ses promesses, et de méconnaître tout ce que vous avez fait et surtout ce que vous vouliez faire pour lui... Plaidez... plaidez, adressez-vous à la justice, je ne doute pas qu'elle ne vous donne raison contre votre mari... — Un quart d'heure après notre entretien, la créature était en route pour la ville voisine.

— Tu as raison, il est pénible de laisser presque impunie une aussi détestable mégère; mais le scandale d'un procès... pour ce vieillard déjà si affaibli... il n'y fallait pas songer.

« — J'ai facilement décidé mon père à quitter les Aubiers aujourd'hui même — reprit Rodolphe continuant de lire la lettre de madame d'Harville — de trop tristes souvenirs le poursuivraient ici ; quoique sa santé soit chancelante, les distractions d'un voyage de quelques jours, le changement d'air, ne peuvent que lui être favorables, a dit le médecin que le docteur Polidori avait remplacé, et que j'ai fait aussitôt mander à la ville voisine ; mon père a voulu qu'il analysât le contenu du flacon, sans lui rien dire de ce qui s'était passé ; le médecin répondit qu'il ne pouvait s'occuper de cette opération que chez lui, et qu'avant deux heures nous saurions le résultat de l'expérience. Le résultat fut que plusieurs doses de cette liqueur, composée avec un art infernal, pouvaient, en un temps donné, causer la mort sans laisser néanmoins d'autres traces que celles d'une maladie ordinaire que le médecin nomma.

» Dans quelques heures, monseigneur, je pars avec mon père et ma fille pour Fontainebleau ; nous y resterons quelque temps, puis, selon le désir de mon père, nous reviendrons à Paris, mais non pas chez moi : il me serait impossible d'y demeurer après le déplorable accident qui s'y est passé.

» Ainsi que je vous l'ai dit, monseigneur, en commençant cette lettre, les faits vous prouvent tout ce que je dois encore à votre inépuisable sollicitude... Prévenue par vous, aidée de vos conseils, forte de l'appui de votre excellent et courageux sir Walter, j'ai pu arracher mon père à un péril certain, et je suis assurée du retour de sa tendresse...

» Adieu, monseigneur, il m'est impossible de vous en dire davantage ; mon cœur est trop plein, trop d'émotions l'agitent, je vous exprimerais mal tout ce qu'il ressent...

» D'ORBIGNY D'HARVILLE. »

« Je rouvre cette lettre à la hâte, monseigneur, pour réparer un oubli dont je suis confuse : en cherchant, d'après vos nobles inspirations, quelque bien à faire, j'étais allée à la prison de Saint-Lazare visiter de pauvres prisonnières : j'y ai trouvé une malheureuse enfant à laquelle vous vous êtes intéressé... Sa douceur angélique, sa pieuse résignation font l'admiration des respectables femmes qui surveillent les détenues... Vous apprendre où est la *Goualeuse* (tel est son surnom, si je ne me trompe), c'est vous mettre à même d'obtenir à l'instant sa liberté; cette infortunée vous racontera par quel concours de circonstances sinistres, enlevée de l'asile où vous l'aviez placée, elle a été jetée dans cette prison où du moins elle a su faire apprécier la candeur de son caractère...

» Permettez-moi aussi de vous rappeler mes deux futures protégées, monseigneur, cette malheureuse mère et sa fille... dépouillées par le notaire Ferrand. Où sont elles? Avez-vous eu quelques renseignements sur elles? Oh! de grâce, tâchez de retrouver leurs traces, et qu'à mon retour à Paris je puisse leur payer la dette que j'ai contractée envers tous les malheureux!.. »

— La Goualeuse a donc quitté la ferme de Bouqueval, monseigneur? — s'écria Murph aussi étonné que Rodolphe de cette nouvelle révélation.

— Tout à l'heure encore on vient de me dire l'avoir vue sortir de Saint-Lazare — répondit Rodolphe. — Ma tête s'y perd: le silence de madame Georges (1) me confond et m'inquiète... Pauvre petite Fleur-de-Marie... quels nouveaux malheurs sont donc venus la frapper? Fais monter un homme à cheval à l'instant, qu'il se rende en hâte à la ferme, et écris à madame Georges que je la prie instamment de venir à Paris. Dis aussi à M. de Graün de m'obtenir une permission pour entrer à Saint-Lazare... D'après ce que me dit madame d'Harville, Fleur-de-Marie serait détenue; mais non — reprit Rodolphe en réfléchissant... — elle n'y est plus prisonnière, car Rigolette l'a vue sortir de cette prison avec une femme âgée. Serait-ce madame Georges? sinon, quelle est cette femme? où est allée la Goualeuse?

— Patience, monseigneur; avant ce soir vous saurez à quoi vous en tenir; puis, demain il vous faudra interroger ce misérable Polidori; il a, dit-il, d'importantes révélations à vous faire, mais à vous seul...

(1) Le lecteur se souvient que, trompée par l'émissaire de Sarah, qui lui avait dit que Fleur-de-Marie avait quitté Bouqueval par ordre du prince, madame Georges était sans inquiétude sur sa protégée, qu'elle attendait de jour en jour.

— Cette entrevue me sera odieuse — dit tristement Rodolphe — car je n'ai pas revu cet homme depuis... le jour fatal... où... j'ai...

Rodolphe ne put achever; il cacha son front dans sa main.

— Eh! mort-Dieu! monseigneur, pourquoi consentir à ce que demande Polidori? Menacez-le de la justice française ou d'une extradition immédiate; il faudra bien qu'il se résigne à me révéler ce qu'il ne veut révéler qu'à vous.

— Tu as raison, mon pauvre ami; car la présence de ce misérable rendrait plus menaçants encore ces souvenirs terribles... auxquels se rattachent tant de douleurs incurables... depuis la mort de mon père... jusqu'à celle de ma pauvre petite fille... Je ne sais, mais plus j'avance dans la vie, plus cette enfant me manque... Combien je l'aurais adorée! combien il m'eût été cher et précieux, ce fruit charmant de mon premier amour, de mes premières et pures croyances, ou plutôt de mes jeunes illusions!... J'aurais déversé sur cette innocente créature les trésors d'affection dont son odieuse mère est indigne; et puis il

me semble que, telle que je l'avais rêvée...
cette enfant, par la beauté de son âme, par le
charme de ses qualités, eût adouci, calmé tous
les chagrins... tous les remords qui se rattachent, hélas! à sa funeste naissance.

— Tenez, monseigneur, je vois avec peine
l'empire toujours croissant que prennent sur
votre esprit ces regrets aussi stériles que cruels.

Après quelques moments de silence, Rodolphe dit à Murph :

— Je puis maintenant te faire un aveu,
mon vieil ami : J'aime... oui! j'aime profondément une femme digne de l'affection la plus
noble et la plus dévouée... Eh ! depuis que
mon cœur s'est ouvert de nouveau à toutes les
douceurs de l'amour, depuis que je suis prédisposé aux émotions tendres, je ressens plus vivement encore la perte de ma fille... J'aurais
pour ainsi dire pu craindre qu'un attachement de cœur n'affaiblît l'amertume de mes
regrets... Il n'en est rien : toutes mes facultés
aimantes ont augmenté... je me sens meilleur,
plus charitable, et plus que jamais il m'est
cruel de n'avoir pas ma fille à adorer...

— Rien de plus simple, monseigneur, et

pardonnez-moi la comparaison; mais de même que certains hommes ont l'ivresse joyeuse et bienveillante, vous avez l'amour bon et généreux...

— Pourtant ma haine des méchants est aussi devenue plus vivace, mon aversion pour Sarah augmente en raison sans doute du chagrin que me cause la mort de ma fille. Je m'imagine que cette mauvaise mère l'a négligée, qu'une fois ses ambitieuses espérances ruinées par mon mariage, la comtesse, dans son impitoyable égoïsme, aura abandonné notre enfant à des mains mercenaires, et que ma fille sera peut-être morte par le manque de soins... C'est ma faute aussi... je n'ai pas alors senti l'étendue des devoirs sacrés que la paternité impose... Lorsque le véritable caractère de Sarah m'a été tout à coup révélé, j'aurais dû à l'instant lui enlever ma fille, veiller sur elle avec amour et sollicitude. Je devais prévoir que la comtesse ne serait jamais qu'une mère dénaturée... C'est ma faute, vois-tu... c'est ma faute...

— Monseigneur, la douleur vous égare. Pouviez-vous... après l'événement si funeste que vous savez... différer d'un jour le long voyage qui vous était imposé... comme...

— Comme une expiation !.. Tu as raison, mon ami — dit Rodolphe avec accablement.

— Vous n'avez pas entendu parler de la comtesse Sarah depuis mon départ, monseigneur?

— Non, depuis ses infâmes délations qui, par deux fois, ont failli perdre madame d'Harville, je n'ai eu d'elle aucune nouvelle... Sa présence ici me pèse, m'obsède; il me semble que mon mauvais ange est auprès de moi, que quelque nouveau malheur me menace.

— Patience, monseigneur, patience... Heureusement l'Allemagne lui est interdite, et l'Allemagne nous attend.

— Oui..... bientôt nous partirons. Au moins, durant mon court séjour à Paris, j'aurai accompli une promesse sacrée, j'aurai fait quelques pas de plus dans cette voie méritante qu'une auguste et miséricordieuse volonté m'a tracée pour ma rédemption... Dès que le fils de madame Georges sera rendu à sa tendresse, innocent et libre; dès que Jacques Ferrand sera convaincu et puni de ses crimes; dès que j'aurai assuré l'avenir de toutes les honnêtes et laborieuses créatures qui, par leur résignation, leur courage et leur probité, ont mérité mon intérêt, nous retournerons en Allemagne, mon voyage n'aura pas été du moins stérile.

— Surtout si vous parvenez à démasquer cet abominable Jacques Ferrand, monseigneur, la pierre angulaire, le pivot de tant de crimes.

— Quoique la fin justifie les moyens... et que les scrupules soient peu de mise envers ce scélérat, quelquefois je regrette de faire intervenir Cécily dans cette réparation juste et vengeresse.

— Elle doit maintenant arriver d'un moment à l'autre?

— Elle est arrivée.

— Cécily?

— Oui... Je n'ai pas voulu la voir; de Graün lui a donné des instructions très-détaillées, elle a promis de s'y conformer...

— Tiendra-t-elle sa promesse?

— D'abord tout l'y engage, l'espoir d'un adoucissement dans son sort à venir, et la crainte d'être immédiatement renvoyée dans sa prison d'Allemagne, car de Graün ne la quittera pas de vue; à la moindre incartade il obtiendra son extradition.

— C'est juste, elle est arrivée ici comme évadée; lorsqu'on saurait quels crimes ont motivé sa détention perpétuelle, on accorderait aussitôt son extradition.

— Et lors même que son intérêt ne l'obligerait pas de servir nos projets, la tâche qu'on lui a imposée ne pouvant se réaliser qu'à force de ruse, de perfidie et de séductions diaboliques, Cécily doit être ravie (et elle l'est, m'a dit le baron) de cette occasion d'employer les détestables avantages dont elle a été si libéralement douée.

— Est-elle toujours bien jolie, monseigneur?

— De Graün la trouve plus attrayante que jamais; il a été, m'a-t-il dit, ébloui de sa beauté, à laquelle le costume alsacien qu'elle a choisi donnait beaucoup de piquant. Le regard de cette diablesse a toujours, dit-il, la même expression véritablement magique.

— Tenez! monseigneur, je n'ai jamais été ce qu'on appelle un écervelé, un homme sans cœur et sans mœurs; eh bien! à vingt ans, j'aurais rencontré Cecily, qu'alors même que je l'aurais sue aussi dangereuse, aussi pervertie qu'elle l'est à cette heure, je n'aurais pas répondu de ma raison, si j'étais resté longtemps sous le feu de ses grands yeux noirs et brûlants qui étincellent au milieu de sa figure pâle et ardente... Oui, par le ciel! je n'ose songer où aurait pu m'entraîner un si funeste amour.

—Cela ne m'étonne pas, mon digne Murph, car je connais cette femme. Du reste, le baron a été presque effrayé de la sagacité avec laquelle Cécily a compris ou plutôt deviné le rôle à la fois *provoquant* et PLATONIQUE qu'elle doit jouer auprès du notaire.

— Mais s'introduira-t-elle chez lui aussi facilement que vous l'espériez, monseigneur, grâce à l'intervention de madame Pipelet? Les gens de l'espèce de ce Jacques Ferrand sont si soupçonneux...

— J'avais avec raison compté sur la vue de Cécily pour combattre et vaincre la méfiance du notaire.

— Il l'a déjà vue?

— Hier. D'après le récit de madame Pipelet, je ne doute pas qu'il n'ait été fasciné par la créole, car il l'a prise aussitôt à son service.

— Allons, monseigneur, notre partie est gagnée.

— Je l'espère ; une cupidité féroce, une luxure sauvage ont conduit le bourreau de Louise Morel aux forfaits des plus odieux... C'est dans sa luxure, c'est dans sa cupidité qu'il trouvera la punition terrible de ses crimes... Punition qui surtout ne sera pas stérile pour ses victimes... car tu sais à quel but doivent tendre tous les efforts de la créole.

— Cécily !.. Cécily !.. Jamais méchanceté plus grande, jamais corruption plus dangereuse, jamais âme plus noire n'auront servi à l'accomplissement d'un projet d'une moralité plus haute, et d'une fin plus équitable... Et David, monseigneur ?

— Il approuve tout... Au point de mépris et d'horreur où il est arrivé envers cette créature, il ne voit en elle que l'instrument d'une juste vengeance. « Si cette maudite pouvait jamais mériter quelque commisération après tout le mal qu'elle m'a fait — m'a-t-il dit —

ce serait en se vouant à l'impitoyable punition de ce scélérat, dont il faut qu'elle soit le démon exterminateur. »

Un huissier ayant légèrement frappé à la porte, Murph sortit, et revint bientôt apportant deux lettres, dont l'une seulement était destinée à Rodolphe.

— C'est un mot de madame Georges !... — s'écria ce dernier en lisant rapidement.

— Eh bien ! monseigneur... la Goualeuse ?

— Plus de doute — s'écria Rodolphe après avoir lu — il s'agit encore de quelque complot ténébreux. Le soir du jour où cette pauvre enfant a disparu de la ferme, et au moment où madame Georges allait m'instruire de cet événement, un homme qu'elle ne connaît pas, envoyé en exprès et à cheval, est venu de ma part la rassurer, lui disant que je savais la brusque disparition de Fleur-de-Marie, et que dans quelques jours je la ramènerais à la ferme. Malgré cet avis, madame Georges, inquiète de mon silence au sujet de sa protégée, ne peut, me dit-elle, résister au désir de savoir des nouvelles de sa fille chérie, ainsi qu'elle appelle cette pauvre enfant.

— Cela est étrange, monseigneur.

— Dans quel but enlever Fleur-de-Marie?

— Monseigneur — dit tout à coup Murph — la comtesse Sarah n'est pas étrangère à cet enlèvement...

— Sarah?.. Et qui te fait croire?..

— Rapprochez cet événement de ses dénonciations contre madame d'Harville.

— Tu as raison — s'écria Rodolphe, frappé d'une clarté subite — c'est évident... je comprends maintenant... oui, toujours le même calcul... La comtesse s'opiniâtre à croire qu'en parvenant à briser toutes les affections qu'elle me suppose, elle me fera sentir le besoin de me rapprocher d'elle. Cela est aussi odieux qu'insensé... Il faut pourtant qu'une si indigne persécution ait un terme... Ce n'est pas seulement à moi, mais à tout ce qui mérite respect, intérêt, pitié... que cette femme s'attaque... Tu enverras sur l'heure M. de Graün officiellement chez la comtesse; il lui déclarera que j'ai la certitude de la part qu'elle a prise à l'enlèvement de Fleur-de-Marie, et que si elle ne donne pas les renseignements nécessaires pour retrouver cette malheureuse enfant, je serai sans pitié, et alors c'est à la justice que M. de Graün s'adressera.

— D'après la lettre de madame d'Harville, la Goualeuse serait détenue à Saint-Lazare.

— Oui, mais Rigolette affirme l'avoir vue libre et sortir de prison... Il y a là un mystère qu'il faut éclaircir.

— Je vais à l'instant donner vos ordres au baron de Graün, monseigneur ; mais permettez-moi d'ouvrir cette lettre ; elle est de mon correspondant de Marseille, à qui j'avais recommandé le Chourineur : il devait faciliter le passage de ce pauvre diable en Algérie.

— Eh bien ! est-il parti ?..

— Monseigneur, voici qui est singulier !

— Qu'y a-t-il ?

— Après avoir long-temps attendu à Marseille un bâtiment en partance pour l'Algérie, le Chourineur, qui semblait de plus en plus triste et soucieux, a subitement déclaré, le jour même fixé pour son embarquement, qu'il préférait retourner à Paris...

— Quelle bizarrerie !

— Bien que mon correspondant eût, ainsi qu'il était convenu, mis une assez forte somme à la disposition du Chourineur, celui-ci n'a pris que ce qui lui était rigoureusement nécessaire pour revenir à Paris, où il ne peut tarder à arriver, me dit-on.

— Alors il nous expliquera lui-même son changement de résolution ; mais envoie à l'instant de Graün chez la comtesse Mac-Grégor... et va toi-même à Saint-Lazare t'informer de Fleur-de-Marie.

. . . . . . . . . . . . . . . . . . . . . . .

Au bout d'une heure, le baron de Graün revint de chez la comtesse Sarah Mac-Grégor.

Malgré son sang-froid habituel et officiel, le diplomate semblait bouleversé ; à peine l'huissier l'eut-il introduit, que Rodolphe remarqua sa pâleur.

— Eh bien ! de Graün... qu'avez-vous ?.. Avez-vous vu la comtesse ?

— Ah ! monseigneur !..

— Qu'y a-t-il ?

— Que Votre Altesse Royale se prépare à apprendre quelque chose de bien pénible.

— Mais encore ?..

— Madame la comtesse Mac-Grégor...

— Eh bien !..

— Que Votre Altesse Royale me pardonne de lui apprendre si brusquement un événement si funeste, si imprévu, si...

— La comtesse est donc morte?

— Non, monseigneur... mais on désespère de ses jours... elle a été frappée d'un coup de poignard.

— Ah!.. c'est affreux! — s'écria Rodolphe ému de pitié malgré son aversion pour Sarah. — Et qui a commis ce crime?

— On l'ignore, monseigneur, ce meurtre a été accompagné de vol; on s'est introduit dans l'appartement de madame la comtesse et l'on a enlevé une grande quantité de pierreries...

— A cette heure, comment va-t-elle?

— Son état est presque désespéré, monseigneur... elle n'a pas encore repris connaissance... son frère est dans la consternation.

— Il faudra aller chaque jour vous informer de la santé de la comtesse, mon cher de Graün...

A ce moment, Murph revenait de Saint-Lazare.

— Apprends une triste nouvelle — lui dit

Rodolphe — la comtesse Sarah vient d'être assassinée... ses jours sont dans le plus grand danger...

— Ah!.. monseigneur... quoiqu'elle soit bien coupable... on ne peut s'empêcher de la plaindre...

— Oui... une telle fin serait épouvantable!.. et la Goualeuse?..

— Mise en liberté depuis hier, monseigneur, on le suppose, par la protection de madame d'Harville...

—Mais... c'est impossible!.. madame d'Harville me prie, au contraire, de faire les démarches nécessaires pour faire sortir de prison cette malheureuse enfant!..

— Sans doute, monseigneur... et pourtant une femme âgée, d'une figure respectable, est venue à Saint-Lazare, apportant l'ordre de remettre Fleur-de-Marie en liberté... Toutes deux ont quitté la prison.

— C'est ce que m'a dit Rigolette; mais cette femme âgée qui est venue chercher Fleur-de-Marie, qui est-elle? où sont-elles allées toutes deux? quel est ce nouveau mystère? La comtesse Sarah pourrait peut-être seule l'éclaircir;

et elle se trouve hors d'état de donner aucun renseignement. Pourvu qu'elle n'emporte pas ce secret dans la tombe !

— Mais son frère, Thomas Seyton, fournirait certainement quelques lumières. De tout temps il a été le conseil de la comtesse.

— Sa sœur est mourante ; s'il s'agit d'une nouvelle trame, il ne parlera pas ; mais... — dit Rodolphe en réfléchissant — il faut savoir le nom de la personne qui s'est intéressée à Fleur-de-Marie pour la faire sortir de Saint-Lazare ; ainsi l'on apprendra nécessairement quelque chose.

— C'est juste, monseigneur.

— Tâchez donc de connaître et de voir cette personne le plus tôt possible, mon cher de Graün ; si vous n'y réussissez pas, mettez votre M. Badinot en campagne... n'épargnez rien pour découvrir les traces de cette pauvre enfant.

— Votre Altesse Royale peut compter sur mon zèle.

— Ma foi, monseigneur — dit Murph — il est peut-être bon que le Chourineur nous revienne; ses services pourront vous être utiles... pour ces recherches.

— Tu as raison, et maintenant je suis impatient de voir arriver à Paris mon brave sauveur, car je n'oublierai jamais que je lui dois la vie.

## CHAPITRE XIII.

L'ÉTUDE.

Plusieurs jours s'étaient passés depuis que Jacques Ferrand avait pris Cécily à son service.

Nous conduirons le lecteur (qui connaît déjà ce lieu) dans l'étude du notaire à l'heure du déjeuner des clercs.

Chose inouïe, exorbitante, merveilleuse! au lieu du maigre et peu attrayant ragoût apporté chaque matin à ces jeunes gens par *feu* madame Séraphin, un énorme dindon froid, servi dans le fond d'un vieux carton à dossiers, trônait au milieu d'une des tables de l'étude, accosté de deux pains tendres, d'un fromage de Hollande et de trois bouteilles de vin cacheté; une vieille écritoire de plomb, remplie d'un mélange de poivre et de sel, servait de salière; tel était le menu du repas.

Chaque clerc, armé de son couteau et d'un formidable appétit, attendait l'heure du festin avec une impatience affamée; quelques-uns même mâchaient à vide, en maudissant l'absence de M. le maître-clerc, sans lequel on ne pouvait hiérarchiquement commencer à déjeuner.

Un progrès, ou plutôt un bouleversement si radical dans l'ordinaire des clercs de Jacques Ferrand, annonçait une énorme perturbation domestique.

L'entretien suivant, éminemment *béotien* (s'il nous est permis d'emprunter cette expression au très-spirituel écrivain qui l'a popularisé) (1), jettera quelque lumière sur cette importante question.

— Voilà un dindon qui ne s'attendait pas, quand il est entré dans la vie, à jamais paraître à déjeuner sur la table des clercs du patron.

— De même que le patron, quand il est entré dans la vie... de notaire, ne s'attendait

---

(1) Louise Desnoyers.

pas à donner à ses clercs un dindon pour déjeuner.

— Car enfin ce dindon est à nous — s'écria le *saute-ruisseau* de l'étude avec une gourmande convoitise.

— Saute-ruisseau, mon ami, tu t'oublies; cette volaille doit être pour toi une étrangère.

— Et, comme Français, tu dois avoir la haine de l'étranger.

— Tout ce qu'on pourra faire sera de te donner les pattes.

— Emblème de la vélocité avec laquelle tu fais les courses de l'étude.

— Je croyais avoir au moins droit à la carcasse — dit le saute-ruisseau en murmurant.

— On pourra te l'octroyer... mais tu n'y as pas droit, ainsi qu'il en a été de la Charte de 1814, qui n'était qu'une autre carcasse de liberté — dit le Mirabeau de l'étude.

— A propos de carcasse — reprit un des jeunes gens avec une insensibilité brutale — Dieu veuille avoir l'âme de la mère Séraphin! car depuis qu'elle s'est noyée dans une partie de campagne, nous ne sommes plus condamnés à ses *ratatouilles forcées* à perpétuité.

— Et depuis une bonne semaine, le patron, au lieu de nous donner à déjeuner...

— Nous alloue à chacun quarante sous par jour.

— C'est ce qui me fait dire : Dieu veuille avoir l'âme de la mère Séraphin!

— Au fait, de son temps, jamais le patron ne nous aurait donné les quarante sous.

— C'est énorme!

— C'est fabuleux!

— Il n'y a pas une étude à Paris...

— En Europe.

— Dans l'univers, où l'on donne quarante sous... à un simple clerc pour son déjeuner.

— A propos de madame Séraphin, qui de vous a vu la servante qui la remplace?

— Cette Alsacienne que la portière de la maison où habitait cette pauvre Louise a amenée un soir, nous a dit le portier?

— Oui.

— Je ne l'ai pas encore vue.

— Ni moi...

— Parbleu! c'est tout bonnement impossible de la voir, puisque le patron est plus féroce que jamais pour nous empêcher d'entrer dans le pavillon de la cour...

— Et puis c'est le portier qui range l'étude maintenant, comment la verrait-on, cette donzelle?..

— Eh bien! moi, je l'ai vue.

— Toi?

— Où cela?

— Comment est-elle?

— Grande ou petite?

— Jeune ou vieille?

— D'avance je suis sûr qu'elle n'a pas une figure aussi avenante que cette pauvre Louise... bonne fille?

— Voyons, puisque tu l'as aperçue, comment est-elle, cette nouvelle servante?

— Quand je dis que je l'ai vue... j'ai vu son bonnet... un drôle de bonnet.

— Ah bah! et comment?

— Il était de couleur cerise et en velours, je crois; une espèce de béguin comme en ont les vendeuses de petits balais.

— Comme les Alsaciennes? C'est tout simple, puisqu'elle est Alsacienne...

— Tiens... tiens... tiens...

— Parbleu!.. qu'est-ce qui vous étonne là-dedans? *Chat échaudé craint l'eau froide.*

— Ah çà, Chalamel, quel rapport ton proverbe a-t-il avec ce bonnet d'Alsacienne?

— Il n'en a aucun.

— Pourquoi le dis-tu, alors?

— Parce qu'*un bienfait n'est jamais perdu*, et que *le lézard est l'ami de l'homme.*

— Tiens, si Chalamel commence ses bêtises en proverbes, qui ne riment à rien, il en a pour une heure... Voyons, dis donc ce que tu sais de cette nouvelle servante?

— Je passais avant-hier dans la cour; elle était adossée à une des fenêtres du rez-de-chaussée...

— La cour?

— Quelle bêtise! non, la servante. Les carreaux d'en bas sont si sales, que je n'ai pu rien voir de l'Alsacienne; mais ceux du milieu de la fenêtre étant moins troubles, j'ai vu son bonnet cerise et une profusion de boucles de cheveux noirs comme du jais; car elle avait l'air d'être coiffée à la Titus.

— Je suis sûr que le patron n'en aura pas vu tant que toi à travers ses lunettes; car en voilà encore un, comme on dit, que, s'il restait seul avec une femme sur la terre, le monde finirait bientôt.

— Cela n'est pas étonnant : *Rira bien qui rira le dernier,* d'autant plus que *l'exactitude est la politesse des rois.*

— Dieu! que ce Chalamel est assommant quand il s'y met!

— Dame... *Dis-moi qui tu hantes, je te dirai qui tu es.*

— Oh! que c'est joli...

— Moi, j'ai dans l'idée que c'est la superstition qui abrutit de plus en plus le patron.

— C'est peut-être par pénitence qu'il nous donne quarante sous pour notre déjeuner.

— Le fait est qu'il faut qu'il soit fou.

— Ou malade.

— Moi, depuis quelques jours, je lui trouve l'air très-égaré.

— Ce n'est pas qu'on le voie beaucoup... Lui qui était pour notre malheur dans son cabinet... dès le *patron-minet,* et toujours sur notre dos, il reste maintenant des deux jours sans mettre le nez dans l'étude.

— Ce qui fait que le maître-clerc est accablé de besogne.

— Et que ce matin nous sommes obligés de mourir de faim en l'attendant.

— En voilà du changement dans l'étude!

— C'est ce pauvre Germain qui serait joliment étonné si on lui disait : Figure-toi, mon garçon, que le patron nous donne quarante sous pour notre déjeuner. — Ah bah! c'est impossible! — C'est si possible que c'est à moi Chalamel, parlant *à sa personne*, qu'il l'a annoncé. — Tu veux rire? — Je veux rire! Voilà comme ça s'est passé : pendant les deux ou trois jours qui ont suivi le décès de la mère Séraphin, nous n'avons pas eu à déjeuner du tout; nous aimions mieux ça, d'une façon, parce que c'était moins mauvais; mais, d'une autre, notre réfection nous coûtait de l'argent; pourtant nous patientions, disant : Le patron n'a plus ni servante ni femme de ménage; quand il en aura repris une... nous reprendrons notre dégoûtante pâtée. Eh bien! pas du tout, mon pauvre Germain, le patron a repris une servante, et notre déjeuner a continué à être enseveli dans le fleuve de l'oubli. Alors j'ai été comme qui dirait député, pour porter au patron les doléances de nos estomacs. Il était avec le maître-clerc. — Je ne veux plus vous nourrir le matin — a-t-il dit d'un ton bourru et comme s'il pensait à autre chose; — ma servante n'a pas le temps de s'occuper de votre déjeuner. — Mais, monsieur, il est convenu que vous nous devez notre repas du matin. — Eh bien! vous ferez venir votre déjeuner du dehors, et je le paierai. Combien vous faut-il... quarante sous chacun? — a-t-il ajouté en ayant l'air de penser de plus en plus à autre chose, et de dire quarante sous comme il aurait dit vingt sous ou cent sous. — Oui, monsieur, quarante sous nous suffiront — m'écriai-je en prenant la balle au bond. — Soit; le maître-clerc se chargera de cette dépense; je compterai avec lui. Et là-dessus le patron m'a fermé la porte au nez... Avouez, messieurs, que Germain serait furieusement étonné des libéralités du patron.

— Germain dirait que le patron a bu.

— Et que c'est un abus...

— Chalamel... nous préférons tes proverbes...

— Sérieusement je crois le patron malade... Depuis dix jours il n'est pas reconnaissable, ses joues sont creuses à y fourrer le poing.

— Et des distractions! faut voir. L'autre jour il a levé ses lunettes pour lire un acte... il avait les yeux rouges et brûlants comme des charbons ardents.

— Il en avait le droit... *les bons comptes font les bons amis.*

— Laisse-moi donc parler. Je vous dis, messieurs, que c'est très-singulier. Je présente donc cet acte à lire au patron... mais il avait la tête en bas.

— Le patron? Le fait est que c'est très-singulier... Qu'est-ce qu'il pouvait donc faire ainsi la tête en bas? Il devait suffoquer? à moins que ses habitudes ne soient, comme tu dis, bien changées?

— Oh! que ce Chalamel est fatigant; je te dis que je lui ai présenté l'acte à lire à l'envers.

— Ah! a-t-il dû bougonner!...

— Ah bien, oui! il ne s'en est pas seulement aperçu; il a regardé l'acte pendant dix minutes, ses gros yeux rouges fixés dessus, et puis il me l'a rendu... en me disant : — C'est bien !

— Toujours la tête en bas ?

— Toujours...

— Il n'avait donc pas lu l'acte ?

— Pardieu ! à moins qu'il ne lise à l'envers..

— C'est drôle !

— Le patron avait l'air si sombre et si méchant dans ce moment-là que je n'ai osé rien dire, et je m'en suis allé comme si de rien n'était.

— Et moi donc, il y a quatre jours, j'étais dans le bureau du maître-clerc, arrive un client, deux clients, trois clients, auxquels le patron avait donné rendez-vous. Ils s'impatientaient d'attendre ; à leur demande, je vais frapper à la porte du cabinet ; on ne me répond pas, j'entre...

— Eh bien ?

— M. Jacques Ferrand avait ses deux bras croisés sur son bureau et son front chauve et peu ragoûtant appuyé sur ses bras ; il ne bougea pas.

— Il dormait ?

— Je le croyais... Je m'approche : — Monsieur, il y a là des clients à qui vous avez donné rendez-vous.... — Il ne bronche pas.... — Monsieur !.. — Pas de réponse... Enfin je le touche à l'épaule, il se redresse comme si le diable l'avait mordu ; dans ce brusque mouvement, ses grandes lunettes vertes tombent de dessus son nez, et je vois... Vous ne le croirez jamais...

— Eh bien ! que vois-tu ?

— Des larmes...

— Ah ! quelle farce !

— En voilà une de sévère !

— Le patron pleurer ? allons donc !

— Quand on verra ça.... les hannetons joueront du cornet à piston.

— Et les poules porteront des bottes à revers.

— Ta ta ta ta, vos bêtises n'empêcheront pas que je l'aie vu comme je vous vois.

— Pleurer ?

— Oui, pleurer ; il a ensuite eu l'air si furieux d'être surpris en cet état lacrymatoire, qu'il a rajusté à la hâte ses lunettes, en me criant : — Sortez !... sortez !... — Mais, monsieur... — Sortez!.. — Il y a là des clients auxquels vous avez donné rendez-vous, et... — Je n'ai pas le temps ; qu'ils s'en aillent au diable, et vous avec! — Là-dessus il s'est levé tout furieux comme pour me mettre à la porte ; je ne l'ai pas attendu, j'ai filé et renvoyé les clients, qui n'avaient pas l'air plus contents qu'il ne faut... mais, pour l'honneur de l'étude, je leur ai dit que le patron avait la coqueluche.

Cet intéressant entretien fut interrompu par M. le premier clerc qui entra tout affairé ; sa venue fut saluée par une acclamation générale, et tous les yeux se tournèrent sympathiquement vers le dindon avec une impatiente convoitise.

— Sans reproche, *Seigneur*, vous nous faites diablement attendre — dit Chalamel.

— Prenez garde, une autre fois... notre appétit ne sera pas aussi subordonné...

— Eh! messieurs, ce n'est pas ma faute... je faisais plus de mauvais sang que vous... Ma parole d'honneur, il faut que le patron soit devenu fou!..

— Quand je vous le disais !..

— Mais que cela ne nous empêche pas de manger...

— Au contraire !

— Nous parlerons tout aussi bien la bouche pleine...

— Nous parlerons mieux — s'écria le saute-ruisseau — pendant que Chalamel, dépeçant le dindon, dit au maître-clerc : — A propos de quoi donc vous figurez-vous que le patron est fou ?

— Nous avions déjà une velléité de le croire parfaitement abruti lorsqu'il nous a alloué quarante sous par tête pour notre déjeuner... quotidien.

— J'avoue que cela m'a surpris autant que vous, messieurs ; mais cela n'était rien, absolument rien, auprès de ce qui vient de se passer tout à l'heure.

— Ah bah !

— Ah çà ! est-ce que ce malheureux-là deviendrait assez insensé pour nous forcer d'aller dîner tous les jours à ses frais au Cadran-Bleu?

— Et ensuite au spectacle?

# L'ÉTUDE. 231

— Et ensuite au café, finir la soirée par un punch?

— Et ensuite...

— Messieurs, riez tant que vous voudrez, mais la scène à laquelle je viens d'assister est plutôt effrayante que plaisante.

— Eh bien! racontez-nous-la donc, cette scène...

— Oui, c'est ça, ne vous occupez pas de déjeuner — dit Chalamel — nous voilà tout oreilles...

— Et tout mâchoires, mes gaillards! Je vous vois venir: pendant que je parlerais, vous joueriez des dents... et le dindon serait fini avant mon histoire... Patience, ce sera pour le dessert.

Fût-ce l'aiguillon de la faim ou de la curiosité qui activa les jeunes praticiens, nous ne le savons; mais ils mirent une telle rapidité dans leur opération gastronomique, que le moment du récit du maître-clerc arriva presque instantanément.

Pour n'être pas surpris par le patron, on envoya en vedette dans la pièce voisine le saute-ruisseau, à qui la carcasse et les pattes de la bête avaient été libéralement dévolues.

M. le maître-clerc dit à ses collègues :

— D'abord il faut que vous sachiez que depuis quelques jours le portier s'inquiétait de la santé du patron ; comme le bonhomme veille très-tard, il avait vu plusieurs fois M. Ferrand descendre dans le jardin la nuit, malgré le froid ou la pluie, et s'y promener à grands pas... Il s'est hasardé une fois à sortir de sa niche et à demander à son maître s'il avait besoin de quelque chose. Le patron l'a envoyé se coucher d'un tel ton que, depuis, le portier s'est tenu coi, et qu'il s'y tient toujours, dès qu'il entend le patron descendre au jardin, ce qui arrive presque toutes les nuits... tel temps qu'il fasse.

— Le patron est peut-être somnambule?

— Ça n'est pas probable... mais de pareilles promenades nocturnes annoncent une fameuse agitation... J'arrive à mon histoire... Tout à l'heure je me rends dans le cabinet du patron pour lui demander quelques signatures... au moment où je mettais la main au bouton de la serrure... il me semble entendre parler... je m'arrête... et je distingue deux ou trois cris sourds... on eût dit des plaintes étouffées... Après avoir un instant hésité à entrer.... ma foi.... craignant quelque malheur... j'ouvre la porte...

— Eh bien?

— Qu'est-ce que je vois?.. le patron à genoux... par terre...

— A genoux?..

— Par terre?

— Oui... agenouillé sur le plancher... le front dans ses mains... et les coudes appuyés sur le fond d'un de ses vieux fauteuils...

— C'est tout simple; sommes-nous bêtes! il est si cagot, il faisait une prière d'extra.

— Ce serait une drôle de prière, en tout cas! On n'entendait que des gémissements étouffés; seulement de temps en temps il murmurait entre ses dents: *Mon Dieu... mon Dieu.... mon Dieu!...* comme un homme au désespoir. Et puis... voilà qui est encore bizarre...Dans un mouvement qu'il a fait, comme pour se déchirer la poitrine avec les ongles, sa chemise s'est entr'ouverte et j'ai très-bien distingué sur sa peau velue un petit portefeuille rouge suspendu à son cou par une chaînette d'acier...

— Tiens... tiens... tiens... alors?..

— Alors, ma foi, voyant ça, je ne savais plus si je devais rester ou sortir.

— Ça aurait été aussi mon opinion politique.

— Je restais donc là.... très-embarrassé, lorsque le patron se relève et se retourne tout à coup; il avait entre ses dents un vieux mouchoir de poche à carreaux... ses lunettes restèrent sur le fauteuil... Non... non, messieurs... de ma vie je n'ai vu une figure pareille; il avait l'air d'un damné... Je me recule effrayé, ma parole d'honneur! effrayé... Alors, lui...

— Vous saute à la gorge?

— Vous n'y êtes pas... Il me regarde d'abord d'un air égaré; puis, laissant tomber son mouchoir, qu'il avait sans doute rongé, coupé en grinçant des dents, il s'écrie en se jetant dans mes bras : *Ah! je suis bien malheureux!..*

— Quelle farce!..

— Quelle farce?.. Eh bien! ça n'empêche pas que, malgré sa figure de tête de mort, quand il a prononcé ces mots-là... sa voix était si déchirante... je dirais presque si douce...

— Si douce... allons donc... il n'y a pas de crecelle, pas de chat-huant enrhumé dont le cri ne semble de la musique auprès de la voix du patron !

— C'est possible, ça n'empêche pas que dans ce moment sa voix était si plaintive, que je me suis senti presque attendri, d'autant plus que M. Ferrand n'est pas expansif habituellement. Monsieur — lui dis-je — croyez que... — *Laisse-moi! laisse-moi!* — me répondit-il en m'interrompant, *cela soulage tant de pouvoir dire à quelqu'un ce que l'on souffre...* Evidemment il me prenait pour un autre.

— Il vous a tutoyé? Alors vous nous devez deux bouteilles de Bordeaux ;

> *Quand* le patron vous a tutoyé,
> A boire vous devez payer.

C'est le proverbe qui le dit, c'est sacré, les proverbes sont la sagesse des nations.

— Voyons, Chalamel, laissez-là vos rébus; vous comprenez bien, messieurs, qu'en entendant le patron me tutoyer, j'ai tout de suite compris qu'il se méprenait ou qu'il avait une fièvre chaude. Je me suis dégagé en lui disant : — Monsieur, calmez-vous !.. calmez-vous !.. c'est moi. — Alors il m'a regardé d'un air stupide.

— A la bonne heure, vous voilà dans le vrai.

— Ses yeux étaient égarés. — *Hein !* — a-t-il répondu — *qu'est-ce... qui est là... que me voulez-vous ?...* et il passait, à chaque question, sa main sur son front, comme pour écarter le nuage qui obscurcissait sa pensée.

— Qui obscurcissait sa pensée... Comme c'est écrit... bravo ! maître-clerc, nous ferons un mélodrame ensemble.

Quand on parle si bien, sur mon âme !
On doit écrire un mélodrâââme.

— Mais tais-toi donc, Chalamel.

— Qu'est-ce donc que le patron peut avoir?

— Ma foi je n'en sais rien; mais ce qu'il y a de sûr, c'est que, lorsqu'il a eu retrouvé son sang-froid, ça a été une autre chanson : il a froncé les sourcils d'un air terrible, et m'a dit vivement, sans me donner le temps de lui répondre : — Que venez-vous faire ici?... Y a-t-il long-temps que vous êtes-là?.. je ne puis donc pas rester chez moi sans être environné d'espions ? Qu'ai-je dit ?... Qu'avez-vous entendu ?... Répondez... répondez... — Ma foi, il avait l'air si méchant, que j'ai repris : — Je n'ai rien entendu, monsieur, j'entre ici à l'instant même. — Vous ne me trompez pas ? — Non, monsieur. — Eh bien ! que voulez-vous ? — Vous demander quelques signatures, monsieur. — Donnez. — Et le voilà qui se met à signer, à signer... sans les lire, une demi-douzaine d'actes notariés, lui qui ne mettait jamais son paraphe sur un acte sans l'épeler, pour ainsi dire, lettre par lettre, et deux fois d'un bout à l'autre. Je remarquais que de temps en temps sa main se ralentissait au milieu de sa signature, comme s'il eût été absorbé par une idée fixe, et puis il reprenait et signait vite, vite, et comme convulsivement. Quand tout a été signé, il m'a dit de me retirer, et je l'ai entendu descendre par le petit escalier qui communique de son cabinet dans la cour.

— J'en reviens toujours là... qu'est-ce qu'il peut avoir ?

— Messieurs, c'est peut-être madame Séraphin qu'il regrette.

— Ah bien oui! lui... regretter quelqu'un!

— Ça me fait penser que le portier a dit que le curé de Bonne-Nouvelle et son vicaire étaient venus plusieurs fois pour voir le patron, et qu'ils n'avaient pas été reçus. C'est ça qui est surprenant! eux qui ne démordaient pas d'ici.

— Moi, ce qui m'intrigue, c'est de savoir quels travaux il a fait faire au menuisier et au serrurier dans le pavillon.

— Le fait est qu'ils y ont travaillé trois jours de suite.

— Et puis un soir on a apporté des meubles dans une grande tapissière couverte.

— Ma foi, moi, messieurs, trou la la! je donne ma langue aux chiens, comme dit le cygne de Cambrai.

— C'est peut-être le remords d'avoir fait emprisonner Germain qui le tourmente...

— Des remords, lui?... Il est trop dur à cuire et trop culotté pour ça... comme dit l'aigle de Meaux!

— Farceur de Chalamel!

— A propos de Germain, il va avoir de

fameuses recrues dans sa prison, pauvre garçon !

— Comment cela ?

— J'ai lu dans la *Gazette des Tribunaux* que la bande de voleurs et d'assassins qu'on a arrêtée aux Champs-Élysées, dans un de ces petits cabarets souterrains....

— En voilà de vraies cavernes...

— Que cette bande de scélérats a été écrouée *à la Force*.

— Pauvre Germain, ça va lui faire une jolie société !

— Louise Morel aura aussi sa part de recrues ; car dans la bande on dit qu'il y a toute une famille de voleurs et d'assassins de père en fils... et de mère en fille...

— Alors on enverra les femmes à Saint-Lazare, où est Louise.

— C'est peut-être quelqu'un de cette bande-là qui a assassiné cette comtesse qui demeure près de l'Observatoire, une des clientes du patron. M'a-t-il assez souvent envoyé savoir de ses nouvelles, à cette comtesse ! Il a l'air de s'intéresser joliment à sa santé. Il faut être juste, c'est la seule chose sur laquelle il n'ait pas l'air abruti... Hier encore, il m'a dit d'aller m'informer de l'état de madame Mac-Grégor.

— Eh bien ?

— C'est toujours la même chose : un jour on espère, le lendemain on désespère, on ne sait jamais si elle passera la journée; avant-hier on en désespérait, mais hier il y avait, a-t-on dit, une lueur d'espoir; ce qui complique la chose, c'est qu'elle a une fièvre cérébrale.

— Est-ce que tu as pu entrer dans la maison, et voir l'endroit où l'assassinat s'est commis?

— Ah! bien oui!... je n'ai pas pu aller plus loin que la porte cochère, et le concierge n'a pas l'air causeur, tant s'en faut...

— Messieurs... à vous, à vous! voici le patron qui monte — cria le saute-ruisseau en entrant dans l'étude toujours armé de sa carcasse.

Aussitôt les jeunes gens regagnèrent à la hâte leurs tables respectives, sur lesquelles ils se courbèrent en agitant leurs plumes, pendant que le saute-ruisseau déposait momentanément le squelette du dindon dans un carton rempli de dossiers.

Jacques Ferrand parut en effet.

S'échappant de son vieux bonnet de soie noire, ses cheveux roux, mêlés de mèches grises, tombaient en désordre de chaque côté de ses tempes ; quelques-unes des veines qui marbraient son crâne paraissaient injectées de sang, tandis que sa face camuse et ses joues creuses étaient d'une pâleur blafarde. On ne pouvait voir l'expression de son regard caché sous ses larges lunettes vertes ; mais la profonde altération des traits de cet homme annonçait les ravages d'une passion dévorante.

Il traversa lentement l'étude, sans dire un mot à ses clercs, sans même paraître s'apercevoir qu'ils fussent là, entra dans la pièce où se tenait le maître-clerc, la traversa ainsi que son cabinet, et redescendit immédiatement par le petit escalier qui conduisait à la cour.

Jacques Ferrand ayant laissé derrière lui toutes les portes ouvertes, les clercs purent à bon droit s'étonner de la bizarre évolution de leur patron, qui était monté par un escalier et descendu par un autre, sans s'arrêter dans une seule des chambres qu'il avait traversées machinalement.

## CHAPITRE XIV.

LUXURIEUX POINT NE SERAS...

...... Mais au lieu de m'en tenir à ce qu'il y a de lumineux et de pur dans cette union des esprits et des cœurs à qui l'amitié se borne, le fond bourbeux de ma lubricité, remué par cette pointe de volupté qui se fait sentir à l'âge où j'étais, exhalait des nuages qui offusquaient les yeux de mon esprit.

...... Je m'abandonnais sans mesure à mes plaisirs sensuels, dont l'ardeur, comme une poix bouillante, brûlait mon cœur et consumait tout ce qu'il y avait de vigueur et de force.

...... Quand je voyais de mes compagnons qui se vantaient de leurs débauches, et qui s'en savaient d'autant meilleur gré qu'elles étaient plus infâmes, j'avais honte de ne pas en avoir fait autant.

*Confessions de saint Augustin.*
(Liv. II, chap. II et III.)

Il fait nuit.

Le profond silence qui règne dans le pavillon habité par Jacques Ferrand est interrompu de temps en temps par les gémissements du vent et par les rafales de la pluie qui tombe à torrents.

Ces bruits mélancoliques semblent rendre plus complète encore la solitude de cette demeure.

Dans une chambre à coucher du premier étage, très-confortablement meublée à neuf et garnie d'un épais tapis, une jeune femme se tient debout devant une cheminée où flambe un excellent feu.

Chose assez étrange ! au milieu de la porte soigneusement verrouillée qui fait face au lit, on remarque un petit guichet de cinq ou six pouces carrés qui peut s'ouvrir du dehors.

Une lampe à réflecteur jette une demi-clarté dans cette chambre, tendue d'un papier grenat; les rideaux du lit, de la croisée, ainsi que la couverture d'un vaste sofa, sont de damas soie et laine de même couleur.

Nous insistons minutieusement sur ces détails de *demi-luxe* si récemment importé dans l'habitation du notaire, parce que ce demi-luxe annonce une révolution complète dans les habitudes de Jacques Ferrand, jusqu'alors d'une avarice sordide et d'une insouciance de Spartiate (surtout à l'endroit d'autrui) pour tout ce qui touchait au bien-être.

C'est donc sur cette tenture grenat, fond vigoureux et chaud de ton, que se dessine la figure de Cecily, que nous allons tâcher de peindre.

D'une stature haute et svelte, la créole est dans la fleur et dans l'épanouissement de l'âge. Le développement de ses belles épaules et de ses larges hanches fait paraître sa taille ronde si merveilleusement mince, que l'on croirait que Cecily peut se servir de son collier pour ceinture.

Aussi simple que coquet, son costume alsacien est d'un goût bizarre, un peu théâtral, et ainsi d'autant plus approprié à l'effet qu'elle a voulu produire.

Son spencer de casimir noir, à demi ouvert sur sa poitrine saillante, très-long de corsage, à manches justes, à dos plat, est légèrement brodé de laine pourpre sur les coutures et rehaussé d'une rangée de petits boutons d'argent ciselés. Une courte jupe de mérinos orange, qui semble d'une ampleur exagérée quoiqu'elle colle sur des contours d'une richesse sculpturale, laisse voir à demi le genou charmant de la créole, chaussée de bas écarlates à coins bleus, ainsi que cela se rencontre chez les vieux peintres flamands, qui montrent si complaisamment les jarretières de leurs robustes héroïnes.

Jamais artiste n'a rêvé un galbe aussi pur que celui des jambes de Cecily; nerveuses et fines au-dessous de leur mollet rebondi, elles se terminent par un pied mignon, bien à l'aise et bien cambré dans son tout petit soulier de maroquin noir à boucles d'argent.

Cecily, un peu hanchée sur le côté gauche, est debout en face de la glace qui surmonte la cheminée... L'échancrure de son spencer permet de voir son cou élégant et potelé, d'une blancheur éblouissante, mais sans transparence.

Otant son béguin de velours cerise pour le remplacer par un madras, la créole découvrit ses épais et magnifiques cheveux d'un noir bleu, qui, séparés au milieu du front et naturellement frisés, ne descendaient pas plus bas que le *collier de Vénus* qui joignait le col aux épaules.

Il faut connaître le goût inimitable avec lequel les créoles *tortillent* autour de leur tête ces mouchoirs aux couleurs tranchantes, pour avoir une idée de la gracieuse coiffure de nuit de Cecily; et du contraste piquant de ce tissu bariolé de pourpre, d'azur et d'orange, avec ses cheveux noirs qui, s'échappant du pli serré du madras, encadrent de leurs mille boucles soyeuses ses joues pâles, mais rondes et fermes...

Les deux bras élevés et arrondis au-dessus de sa tête, elle finissait, du bout de ses doigts déliés comme des fuseaux d'ivoire, de *chiffonner* une large rosette placée très-bas du côté gauche, presque sur l'oreille.

Les traits de Cecily sont de ceux qu'il est impossible d'oublier jamais.

Un front hardi, un peu saillant, surmonte son visage d'un ovale parfait; son teint a la blancheur mate, la fraîcheur satinée d'une feuille de camélia imperceptiblement dorée par un rayon de soleil; ses yeux, d'une grandeur presque démesurée, ont une expression singulière, car leur prunelle, extrêmement large, noire et brillante, laisse à peine apercevoir, aux deux coins des paupières frangées de longs cils, la transparence bleuâtre du globe de l'œil; son menton est nettement accusé; son nez, droit et fin, se termine par deux narines mobiles qui se dilatent à la moindre émotion; sa bouche, insolente et amoureuse, est d'un pourpre vif.

Qu'on s'imagine donc cette figure incolore, avec son regard tout noir qui étincelle, et ses deux lèvres rouges, lisses, humides, qui luisent comme du corail mouillé.

Disons-le, cette grande créole, à la fois svelte et charnue, vigoureuse et souple comme une panthère, était le type incarné de la sensualité brûlante qui ne s'allume qu'aux feux des tropiques.

Tout le monde a entendu parler de ces filles de couleur pour ainsi dire *mortelles* aux Européens, de ces vampires enchanteurs qui, enivrant leur victime de séductions terribles, pompent jusqu'à sa dernière goutte d'or et de sang, et ne lui laissent, selon l'énergique expression du pays, que *ses larmes à boire,* que *son cœur à ronger.*

Telle est Cecily.

Seulement ses détestables instincts, quelque temps contenus par son véritable attachement pour David, ne s'étant développés qu'en Europe, la *civilisation* et l'influence des climats du nord en avaient tempéré la violence, modifié l'expression.

Au lieu de se jeter violemment sur sa proie, et de ne songer, comme ses pareilles, qu'à anéantir au plus tôt une vie et une fortune de plus, Cecily, attachant sur ses victimes son regard magnétique, commençait par les attirer peu à peu dans le tourbillon embrasé qui semblait émaner d'elle; puis, les voyant alors pantelantes, éperdues, souffrant les tortures d'un désir inassouvi, elle se plaisait, par un raffinement de coquetterie féroce, à prolonger leur délire ardent; puis, revenant à son premier instinct, elle les dévorait dans ses embrassements homicides.

Cela était plus horrible encore...

Le tigre affamé, qui bondit et emporte la proie qu'il déchire en rugissant, inspire moins d'horreur que le serpent qui la fascine silencieusement, l'aspire peu à peu, l'enlace de ses replis inextricables, l'y broie longuement, la sent palpiter sous ses lentes morsures, et semble se repaître autant de ses douleurs que de son sang.

Cecily, nous l'avons dit, à peine arrivée en Allemagne, ayant d'abord été débauchée par un homme affreusement dépravé, put à l'insu de David, qui l'aimait avec autant d'idolâtrie que d'aveuglement, déployer et exercer pendant quelque temps ses dangereuses séductions; mais bientôt le funeste scandale de ses aventures fut dévoilé; on fit d'horribles découvertes, et cette femme dut être condamnée à une prison perpétuelle.

Que l'on joigne à ces antécédents un esprit souple, adroit, insinuant, une si merveilleuse intelligence qu'en un an elle avait parlé le français et l'allemand avec la plus extrême facilité, quelquefois même avec une éloquence naturelle; qu'on se figure enfin une corruption digne des reines courtisanes de l'ancienne Rome, une audace et un courage à toute épreuve, des instincts d'une méchanceté diabolique, et l'on connaîtra à peu près la nouvelle *servante* de Jacques Ferrand... la créature déterminée qui avait osé s'aventurer dans la tanière du loup.

Et pourtant, anomalie singulière! en apprenant par M. de Graün le rôle provoquant et PLATONIQUE qu'elle devait remplir auprès du notaire et à quelles fins vengeresses devaient aboutir ses séductions, Cecily avait promis de jouer son personnage *avec amour*, ou plutôt avec une haine terrible contre Jacques Ferrand, s'étant sincèrement indignée au récit des violences infâmes qu'il avait exercées contre Louise, récit qu'il fallut faire à la créole pour la mettre en garde contre les hypocrites tentatives de ce monstre.

Quelques mots rétrospectifs à propos de ce dernier sont indispensables.

Lorsque Cecily lui avait été présentée par madame Pipelet comme une orpheline sur laquelle elle ne voulait conserver aucun droit, aucune surveillance, le notaire s'était peut-être senti moins encore frappé de la beauté de la créole que fasciné par son regard irrésistible, regard qui, dès la première entrevue, porta le feu dans les sens de Jacques Ferrand et le trouble dans sa raison.

Car nous l'avons dit à propos de l'audace insensée de quelques-unes de ses paroles lors de sa conversation avec madame la duchesse de Lucenay, cet homme, ordinairement si maître de soi, si calme, si fin, si rusé, oubliait les froids calculs de sa profonde dissimulation, lorsque le démon de la luxure obscurcissait sa pensée.

D'ailleurs il n'avait pu nullement se défier de la protégée de madame Pipelet.

Après son entretien avec cette dernière, madame Séraphin avait proposé à Jacques Ferrand, en remplacement de Louise, une jeune fille presque abandonnée dont elle répondait... Le notaire avait accepté avec empressement, dans l'espoir d'abuser impunément de la condition précaire et isolée de sa nouvelle servante.

Enfin, loin d'être prédisposé à la méfiance, Jacques Ferrand trouvait dans la marche des événements de nouveaux motifs de sécurité.

Tout répondait à ses vœux.

La mort de madame Séraphin le débarrassait d'une complice dangereuse...

La mort de Fleur-de-Marie (il la croyait morte) le délivrait de la preuve vivante d'un de ses premiers crimes.

Enfin, grâce à la mort de la Chouette et au

meurtre inopiné de la comtesse Mac-Grégor (son état était désespéré), il ne redoutait plus ces deux femmes, dont les révélations et les poursuites auraient pu lui être funestes...

Nous le répétons, aucun sentiment de défiance n'étant venu balancer dans l'esprit de Jacques Ferrand l'impression subite, irrésistible qu'il avait ressentie à la vue de Cecily... il saisit avec ardeur l'occasion d'attirer dans sa demeure solitaire la prétendue nièce de madame Pipelet.

Le caractère, les habitudes et les antécédents de Jacques Ferrand connus et posés, la beauté provoquante de la créole acceptée, telle que nous avons tâché de la peindre, quelques autres faits que nous exposerons plus bas feront comprendre, nous l'espérons, la passion subite, effrénée du notaire pour cette séduisante et dangereuse créature.

Et puis, il faut le dire... si elles n'inspirent qu'éloignement, que répugnance aux hommes doués de sentiments tendres et élevés, de goûts délicats et épurés, les femmes de l'espèce de Cecily exercent une action soudaine, une omnipotence magique sur les hommes de sensualité brutale tels que Jacques Ferrand.

Du premier regard ils devinent ces femmes, ils les convoitent; une puissance fatale les attire auprès d'elles, et bientôt des affinités mystérieuses, des sympathies magnétiques sans doute, les enchaînent invinciblement aux pieds de leur monstrueux idéal; car elles seules peuvent apaiser les feux impurs qu'elles allument.

Une fatalité juste, vengeresse, rapprochait donc la créole du notaire. Une expiation terrible commençait pour ui.

Une luxure féroce l'avait poussé à commettre des attentats odieux, à poursuivre avec un impitoyable acharnement une famille indigente et honnête, à y porter la misère, la folie, la mort...

La luxure devait être le formidable châtiment de ce grand coupable.

Car l'on dirait que par une fatale équité certaines passions faussées, dénaturées, portent en soi leur punition...

Un noble amour, lors même qu'il n'est pas heureux, peut trouver quelques consolations dans les douceurs de l'amitié, dans l'estime qu'une femme digne d'être adorée offre toujours à défaut d'un sentiment plus tendre. Si cette compensation ne calme pas les chagrins de l'amant malheureux, si son désespoir est incurable comme son amour, il peut du moins avouer et presque s'enorgueillir de cet amour désespéré...

Mais quelles compensations offrir à ces ardeurs sauvages que le seul attrait matériel exalte jusqu'à la frénésie ?

Et disons encore que cet attrait matériel est aussi impérieux pour les organisations grossières que l'attrait moral pour les âmes d'élite...

Non, les sérieuses passions du cœur ne sont pas les seules subites, aveugles, exclusives, les seules qui, concentrant toutes les facultés sur la personne choisie, rendent impossible toute autre affection, et décident d'une destinée tout entière.

La passion physique peut atteindre, comme chez Jacques Ferrand, à une incroyable intensité ; alors tous les phénomènes qui dans l'ordre moral caractérisent l'amour, irrésistible, unique, absolu, se reproduisent dans l'ordre matériel.

. . . . . . . . . . . . . . . . . .

Quoique Jacques Ferrand ne dût jamais être heureux, la créole s'était bien gardée de lui ôter absolument tout espoir; mais les vagues et lointaines espérances dont elle le berçait flottaient au gré de tant de caprices, qu'elles lui étaient une torture de plus, et rivaient plus solidement encore la chaîne brûlante qu'il portait.

Si l'on s'étonne de ce qu'un homme de cette vigueur et de cette audace n'eût pas eu déjà recours à la ruse ou à la violence pour triompher de la résistance calculée de Cecily, c'est qu'on oublie que Cecily n'était pas une seconde Louise. D'ailleurs, le lendemain de sa présentation au notaire, elle avait, ainsi qu'on va le dire, joué un tout autre rôle que celui à l'aide duquel elle s'était introduite chez *son maître;* car celui-ci n'eût pas été dupe *de sa servante* deux jours de suite.

Instruite du sort de Louise par le baron de Graün, et sachant ensuite de quels abominables moyens la malheureuse fille de Morel le lapidaire était devenue la proie du notaire, la créole, entrant dans cette maison solitaire, avait pris d'excellentes précautions pour y passer sa première nuit en pleine sécurité.

Le soir même de son arrivée, restée seule avec Jacques Ferrand, qui, afin de ne pas l'effaroucher, affecta de la regarder à peine et lui ordonna brusquement d'aller se coucher, elle lui avoua *naïvement* que la nuit elle avait grand'peur des voleurs; mais qu'elle était forte, résolue et prête à se défendre.

— Avec quoi? — demanda Jacques Ferrand.

— Avec ceci... — répondit la créole en tirant de l'ample pelisse de laine dont elle était enveloppée un petit stylet parfaitement acéré, dont la vue fit réfléchir le notaire.

Pourtant, persuadé que sa nouvelle servante ne redoutait que *les voleurs*, il la conduisit dans la chambre qu'elle devait occuper (l'ancienne chambre de Louise). Après avoir examiné les localités, Cecily lui dit en tremblant et en baissant les yeux que, par suite de la même peur, elle passerait la nuit sur une chaise, parce qu'elle ne voyait à la porte ni verrou ni serrure.

VII. 17

Jacques Ferrand, déjà complétement sous le charme, mais ne voulant rien compromettre en éveillant les soupçons de Cecily, lui dit d'un ton bourru qu'elle était sotte et folle d'avoir de telles craintes, mais il lui promit que le lendemain le verrou serait placé.

La créole ne se coucha pas.

Au matin, le notaire monta chez elle pour la mettre au fait de son service. Il s'était promis de garder pendant les premiers jours une hypocrite réserve à l'égard de sa nouvelle servante, afin de lui inspirer une confiance trompeuse; mais frappé de sa beauté, qui au grand jour semblait plus éclatante encore, égaré, aveuglé par les désirs qui le transportaient déjà, il balbutia quelques compliments sur la taille et sur la beauté de Cecily.

Celle-ci, d'une sagacité rare, avait jugé, dès sa première entrevue avec le notaire, qu'il était complétement sous le charme; à l'aveu qu'il lui fit de *sa flamme*, elle crut devoir se dépouiller brusquement de sa feinte timidité, et, ainsi que nous l'avons dit, changer de masque.

La créole prit donc tout à coup un air effronté.

Jacques Ferrand s'extasiant de nouveau sur la beauté des traits et sur la taille enchanteresse de sa nouvelle *bonne*,

— Regardez-moi donc bien en face — lui dit résolument Cecily. — Quoique vêtue en paysanne alsacienne, est-ce que j'ai l'air d'une servante?

—Que voulez-vous dire?—s'écria Jacques Ferrand.

— Voyez cette main... Est-elle accoutumée à de rudes travaux?

Et elle montra une main blanche, charmante, aux doigts fins et déliés, aux ongles roses et polis comme de l'agate, mais dont la couronne, légèrement bistrée, trahissait le sang mêlé.

— Et ce pied? est-ce un pied de servante?

Et elle avança un ravissant petit pied coquettement chaussé, que le notaire n'avait pas encore remarqué, et qu'il ne quitta des yeux que pour contempler Cecily avec ébahissement.

— J'ai dit à ma tante Pipelet ce qui m'a

convenu; elle ignore ma vie passée, elle a pu me croire réduite à une telle condition... par la mort de mes parents, et me prendre pour une servante; mais vous avez, j'espère, trop de sagacité pour partager son erreur, *cher maître!*

— Et qui êtes-vous donc? — s'écria Jacques Ferrand de plus en plus surpris de ce langage.

— Ceci est mon secret... Pour des raisons à moi connues, j'ai dû quitter l'Allemagne sous ces habits de paysanne; je voulais rester cachée à Paris pendant quelque temps le plus secrètement possible. Ma tante, me supposant réduite à la misère, m'a proposé d'entrer chez vous, m'a parlé de la vie solitaire qu'on menait forcément dans votre maison, et m'a prévenue que je ne sortirais jamais... J'ai vite accepté. Sans le savoir, ma tante allait au-devant de mon plus vif désir. Qui pourrait me chercher et me découvrir ici?

— Vous vous cachez!.. et qu'avez-vous donc fait pour être obligée de vous cacher?

— De doux péchés, peut-être... mais ceci est encore mon secret.

— Et quelles sont vos intentions, mademoiselle?

— Toujours les mêmes. Sans vos compliments significatifs sur ma taille et sur ma beauté, je ne vous aurais peut-être pas fait cet aveu... que votre perspicacité eût d'ailleurs tôt ou tard provoqué... Écoutez-moi donc bien, mon cher maître : j'ai accepté momentanément la condition ou plutôt le rôle de servante ; les circonstances m'y obligent... j'aurai le courage de remplir ce rôle jusqu'au bout... j'en subirai toutes les conséquences... je vous servirai avec zèle, activité, respect, pour conserver ma place... c'est-à-dire une retraite sûre et ignorée. Mais au moindre mot de galanterie, mais à la moindre liberté que vous prendriez avec moi, je vous quitte... non par pruderie... rien en moi, je crois, ne sent la prude...

Et elle darda un regard chargé d'électricité sensuelle jusqu'au fond de l'âme du notaire, qui tressaillit.

— Non, je ne suis pas prude — reprit-elle avec un sourire provoquant qui laissa voir des dents éblouissantes. — Vive Dieu !.. quand l'amour me mord, les bacchantes sont des saintes auprès de moi... Mais soyez juste... et vous conviendrez que votre servante indigne ne peut que vouloir faire honnêtement son métier de servante... Maintenant vous savez mon secret, ou du moins une partie de mon secret. Voudriez-vous, par hasard, agir en gentilhomme? Me trouvez-vous trop belle pour vous servir? Désirez-vous changer de rôle, devenir mon esclave? Soit! franchement je préférerais cela... mais toujours à cette condition que je ne sortirai jamais d'ici, et que vous aurez pour moi des attentions toutes paternelles... ce qui ne vous empêchera pas de me dire que vous me trouvez charmante: ce sera la récompense de votre dévouement et de votre discrétion...

— La seule? la seule? — dit Jacques Ferrant en balbutiant.

— La seule... à moins que la solitude et le diable ne me rendent folle... ce qui est impossible, car vous me tiendrez compagnie, et, en votre qualité de saint homme, vous conjurerez le démon.

Voyons, décidez-vous, pas de position mixte... ou je vous servirai ou vous me servirez; sinon, je quitte votre maison... et je prie ma tante de me trouver une *autre place...*

Tout ceci doit vous sembler étrange : soit ; mais si vous me prenez pour une aventurière... sans moyen d'existence, vous avez tort... Afin que ma tante fût ma complice sans le savoir, je lui ai laissé croire que j'étais assez pauvre pour ne pas posséder de quoi acheter d'autres vêtements que ceux-ci... J'ai pourtant... vous le voyez, une bourse assez bien garnie : de ce côté, de l'or... de l'autre, des diamants... (et Cecily montra au notaire une longue bourse de soie rouge remplie d'or et à travers laquelle on voyait aussi briller quelques pierreries); malheureusement tout l'argent du monde ne me donnerait pas une retraite aussi sûre que votre maison, si isolée par l'isolement même où vous vivez... Acceptez donc l'une ou l'autre de mes offres, vous me rendrez service. Vous le voyez, je me mets presque à votre discrétion ; car vous dire : Je me cache, c'est vous dire : On me cherche... Mais je suis sûre que vous ne me trahirez pas, dans le cas même où vous sauriez comment me trahir...

Cette confidence romanesque, ce brusque changement de personnage bouleversa les idées de Jacques Ferrand.

Quelle était cette femme? pourquoi se cachait-elle? Le hasard seul l'avait-il en effet amenée chez lui? Si elle y venait au contraire dans un but secret, quel était ce but?

Parmi toutes les hypothèses que cette bizarre aventure souleva dans l'esprit du notaire, le véritable motif de la présence de la créole chez lui ne pouvait venir à sa pensée. Il n'avait ou plutôt il ne se croyait d'autres ennemis que les victimes de sa luxure et de sa cupidité; or toutes se trouvaient dans de telles conditions de malheur ou de détresse, qu'il ne pouvait les soupçonner capables de lui tendre un piége dont Cecily eût été l'appât...

Et encore, ce piége, dans quel but le lui tendre?

Non, la soudaine transfiguration de Cecily n'inspira qu'une crainte à Jacques Ferrand : il pensa que si cette femme ne disait pas la vérité, c'était peut-être une aventurière qui, le croyant riche, s'introduisait dans sa maison pour le circonvenir, l'exploiter, et peut-être se faire épouser par lui.

Mais, quoique son avarice et sa cupidité se

fussent révoltées à cette idée, il s'aperçut, en frémissant, que ces soupçons, que ces réflexions étaient trop tardives... car d'un seul mot il pouvait calmer sa méfiance en renvoyant cette femme de chez lui.

Ce mot, il ne le dit pas...

A peine même ces pensées l'arrachèrent-elles quelques moments à l'ardente extase où le plongeait la vue de cette femme si belle, de cette beauté sensuelle qui avait sur lui tant d'empire... D'ailleurs, depuis la veille, il se sentait dominé, fasciné.

Déjà il aimait à sa façon et avec fureur...

Déjà l'idée de voir cette séduisante créature quitter sa maison lui semblait inadmissible; déjà même, ressentant des emportements d'une jalousie féroce en songeant que Cecily pourrait prodiguer à d'autres les trésors de volupté qu'elle lui refuserait peut-être toujours, il éprouvait une sombre consolation à se dire :

— Tant qu'elle sera séquestrée chez moi... personne ne la possédera.

La hardiesse du langage de cette femme, le feu de ses regards, la provoquante liberté de ses manières révélaient assez qu'elle n'était pas, ainsi qu'elle le disait, une *prude*. Cette conviction, donnant de vagues espérances au notaire, assurait davantage encore l'empire de Cecily.

En un mot, la luxure de Jacques Ferrand étouffant la voix de la froide raison, il s'abandonnait en aveugle au torrent de désirs effrénés qui l'emportait.

. . . . . . . . . . . . . . . . . . . . . . . .

Il fut convenu que Cecily ne serait sa servante qu'en apparence : il n'y aurait pas ainsi de scandale ; de plus, pour assurer davantage encore la sécurité de son *hôtesse*, il ne prendrait pas d'autre domestique, il se résignerait à la servir et à se servir lui-même ; un traiteur voisin apporterait ses repas, il paierait en argent le déjeuner de ses clercs, et le portier se chargerait des soins ménagers de l'étude. Enfin le notaire ferait promptement meubler au premier une chambre au goût de Cecily : celle-ci voulait payer les frais... il s'y opposa et dépensa *deux mille francs...*

Cette générosité était énorme, et prouvait la violence inouïe de sa passion.

Alors commença pour ce misérable une vie terrible.

Renfermé dans la solitude impénétrable de sa maison, inaccessible à tous, de plus en plus sous le joug de son amour effréné, renonçant à pénétrer les secrets de cette femme étrange, de maître il devint esclave ; il fut le valet de Cecily, il la servait à ses repas, il prenait soin de son appartement.

Prévenue par le baron que Louise avait été surprise par un narcotique, la créole ne buvait que de l'eau très-limpide, ne mangeait que des mets impossibles à falsifier ; elle avait choisi la chambre qu'elle devait occuper, et s'était assurée que les murailles ne recélaient aucune porte secrète.

D'ailleurs Jacques Ferrand comprit bientôt que Cecily n'était pas une femme qu'il pût surprendre ou violenter impunément. Elle était vigoureuse, agile et dangereusement armée ; un délire frénétique aurait donc pu seul le porter à des tentatives désespérées, et elle s'était parfaitement mise à l'abri de ce péril...

Néanmoins, pour ne pas lasser et rebuter

la passion du notaire, la créole semblait quelquefois touchée de ses soins et flattée de la terrible domination qu'elle exerçait sur lui. Alors, supposant qu'à force de preuves de dévouement et d'abnégation il parviendrait à faire oublier sa laideur et son âge, elle se plaisait à lui peindre, en termes d'une hardiesse brûlante, l'inexprimable volupté dont elle pourrait l'enivrer, si ce miracle de l'amour se réalisait jamais.

A ces paroles d'une femme si jeune et si belle, Jacques Ferrand sentait quelquefois sa raison s'égarer.... de dévorantes images le poursuivaient partout; l'antique symbole de la tunique de Nessus se réalisait pour lui...

Au milieu de ces tortures sans nom, il perdait la santé, l'appétit, le sommeil.

Tantôt, la nuit, malgré le froid et la pluie, il descendait dans son jardin, et cherchait par une promenade précipitée à calmer, à briser ses ardeurs.

D'autres fois, pendant des heures entières, il plongeait son regard enflammé dans la chambre de la créole endormie; car elle avait eu l'infernale complaisance de permettre que sa porte fût percée d'un guichet qu'elle ouvrait souvent... souvent, car Cecily n'avait qu'un but, celui d'irriter incessamment la passion de cet homme sans la satisfaire, de l'exaspérer ainsi presque jusqu'à la déraison, afin de pouvoir alors exécuter les ordres qu'elle avait reçus...

Ce moment semblait approcher.

Le châtiment de Jacques Ferrand devenait de jour en jour plus digne de ses attentats...

Il souffrait les tourments de l'enfer. Tour à tour absorbé, éperdu, hors de lui, indifférent à ses plus sérieux intérêts, au maintien de sa réputation d'homme austère, grave et pieux, réputation usurpée, mais conquise par de longues années de dissimulation et de ruse, il stupéfiait ses clercs par l'aberration de son esprit, mécontentait ses clients par ses refus de les recevoir, et éloignait brutalement de lui les prêtres qui, trompés par son hypocrisie, avaient été jusqu'alors ses prôneurs les plus fervents.

A ses langueurs accablantes qui lui arrachaient des larmes, succédaient de furieux emportements ; sa frénésie atteignait-elle son paroxisme, il se prenait à rugir dans la solitude et dans l'ombre comme une bête fauve; ses accès de rage se terminaient-ils par une sorte de brisement douloureux de tout son être, il ne jouissait même pas de ce calme de mort, produit souvent par l'anéantissement de la pensée; l'embrasement du sang de cet homme dans toute la vigoureuse maturité de l'âge ne lui laissait ni trêve ni repos... Un bouillonnement profond, torride, agitait incessamment ses esprits.

. . . . . . . . . . . . . . . . . . . . . . . . .

Nous l'avons dit, Cecily se coiffait de nuit devant sa glace.

A un léger bruit venant du corridor, elle détourna la tête du côté de la porte.

## CHAPITRE XV.

LE GUICHET.

Malgré le bruit qu'elle venait d'entendre à sa porte, Cecily n'en continua pas moins tranquillement sa toilette de nuit ; elle retira de son corsage, où il était à peu près placé comme un busc, un stylet long de cinq à six pouces, enfermé dans un étui de chagrin noir, et emmanché dans une petite poignée d'ébène cerclée de fils d'argent, poignée fort simple, mais parfaitement *à la main.*

Ce n'était pas là une arme de *luxe.*

Cecily ôta le stylet de son fourreau avec une excessive précaution, et le posa sur le marbre de sa cheminée; la lame, de la meilleure trempe et du plus fin damas, était triangulaire, à arêtes tranchantes ; sa pointe, aussi acérée que celle d'une aiguille, eût percé une piastre sans s'émousser.

Imprégné d'un venin subtil et persistant, la moindre piqûre de ce poignard devenait mortelle.

Jacques Ferrand ayant un jour mis en doute la dangereuse propriété de cette arme, la créole fit devant lui une expérience *in animâ vili*, c'est-à-dire sur l'infortuné chien de la maison, qui, légèrement piqué au nez, tomba et mourut dans d'horribles convulsions.

Le stylet déposé sur la cheminée, Cecily, quittant son spencer de drap noir, resta, les épaules, le sein et les bras nus, ainsi qu'une femme en toilette de bal.

Selon l'habitude de la plupart des filles de couleur, elle portait, au lieu de corset, un second corsage de double toile qui lui serrait étroitement la taille; sa jupe orange, restant attachée sous cette sorte de canezou blanc à manches courtes et très-décolleté, composait ainsi un costume beaucoup moins sévère que le premier, et s'harmoniait à merveille avec les bas écarlates et la coiffure de madras si capricieusement chiffonnée autour de la tête de la créole. Rien de plus pur, de plus accompli que les contours de ses bras et de ses épaules, auxquelles deux mignonnes fossettes et un petit signe noir, velouté, coquet, donnaient une grâce de plus.

Un soupir profond attira l'attention de Cecily.

Elle sourit en roulant autour de l'un de ses doigts effilés quelques boucles de cheveux qui s'échappaient des plis de son madras.

— Cecily !... Cecily !...

Murmura une voix à la fois rude et plaintive.

Et, à travers l'étroite ouverture du guichet, apparut la face blême et camuse de Jacques Ferrand ; ses prunelles étincelaient dans l'ombre.

Cecily, muette jusqu'alors, commença de chanter doucement un air créole.

Les paroles de cette lente mélodie étaient suaves et expressives. Quoique contenu, le mâle *contre-alto* de Cecily dominait le bruit des torrents de pluie et les violentes rafales de vent qui semblaient ébranler la vieille maison jusque dans ses fondements.

— Cecily !... Cecily !...

Répéta Jacques Ferrand d'un ton suppliant.

La créole s'interrompit tout à coup, tourna brusquement la tête, parut entendre pour la première fois la voix du notaire, et s'approcha nonchalamment de la porte.

— Comment ! cher maître (elle l'appelait ainsi par dérision), vous êtes là ? — dit-elle avec un léger accent étranger qui donnait un charme de plus à sa voix mordante et sonore.

— Oh ! que vous êtes belle ainsi !... — murmura le notaire.

— Vous trouvez ? — répondit la créole — ce madras sied bien à mes cheveux noirs, n'est-ce pas ?

— Chaque jour je vous trouve plus belle encore.

— Et mon bras, voyez donc comme il est blanc.

— Monstre... va-t'en !.. va-t'en !.. — s'écria Jacques Ferrand furieux.

Cecily se mit à rire aux éclats.

— Non, non, c'est trop souffrir ! Oh ! si je ne craignais la mort ! — s'écria sourdement le notaire ; — mais mourir c'est renoncer à vous voir, et vous êtes si belle... J'aime encore mieux souffrir... et vous regarder...

— Regardez-moi... ce guichet est fait pour cela... et aussi pour que nous puissions causer comme deux amis... et charmer ainsi notre solitude... qui vraiment ne me pèse pas trop... Vous êtes si *bon maître !*... Voilà de ces dangereux aveux que je puis faire à travers cette porte...

— Et cette porte, vous ne voulez pas l'ouvrir? Voyez pourtant comme je suis soumis ! ce soir j'aurais pu essayer d'entrer avec vous dans votre chambre... je ne l'ai pas fait.

— Vous êtes soumis par deux raisons... D'abord parce que vous savez qu'ayant, par une nécessité de ma vie errante, pris l'habitude de porter un stylet... je manie d'une main ferme ce bijou venimeux, plus acéré que la dent d'une vipère... vous savez aussi que du jour où j'aurais à me plaindre de vous, je quitterais à jamais cette maison, vous laissant mille fois plus épris encore... puisque vous avez bien voulu faire la grâce à votre indigne servante de vous éprendre d'elle.

— Ma servante ! c'est moi qui suis votre esclave... votre esclave moqué, méprisé...

— C'est assez vrai...

— Et cela... ne vous touche pas ?

— Cela me distrait... Les journées... et surtout les nuits... sont si longues...

— Oh ! la maudite !

—Non, sérieusement, vous avez l'air si complétement égaré, vos traits s'altèrent si sensiblement, que j'en suis flattée... C'est un pauvre triomphe; mais vous êtes seul ici...

— Entendre cela... et ne pouvoir que se consumer dans une rage impuissante !

— Avez-vous peu d'intelligence !!! jamais, peut-être... je ne vous ai rien dit de plus tendre...

— Raillez... raillez...

— Je ne raille pas ; je n'avais pas encore vu d'homme de votre âge... amoureux à votre façon... et il faut en convenir, un homme jeune et beau serait incapable d'une de ces passions enragées. Un Adonis s'admire autant qu'il nous admire... il aime du bout des dents... et puis le favoriser... quoi de plus simple?..cela lui est dû... à peine en est-il reconnaissant; mais favoriser un homme comme vous, mon maître... oh! ce serait le ravir de la terre au ciel, ce serait combler ses rêves les plus insensés, ses espérances les plus impossibles! Car enfin l'être qui vous dirait : Vous aimez Cecily éperdument; si je le veux, elle sera à vous dans une seconde... vous croiriez cet être doué d'une puissance surnaturelle... n'est-ce pas, cher maître?

— Oui, oh! oui...

— Eh bien! si vous saviez me mieux convaincre de votre passion, j'aurais peut-être la bizarre fantaisie de jouer auprès de moi-même... en votre faveur... ce rôle surnaturel. Comprenez-vous?

— Je comprends que vous me raillez encore... toujours, et sans pitié...

— Peut-être... la solitude fait naître de si étranges fantaisies!...

L'accent de Cecily avait jusqu'alors été sardonique; mais elle dit ces derniers mots avec une expression sérieuse, réfléchie, et les accompagna d'un long coup d'œil qui fit tressaillir le notaire.

— Taisez-vous.... ne me regardez pas ainsi,

vous me rendrez fou... j'aimerais mieux que vous me dissiez *jamais*... au moins je pourrais vous abhorrer, vous chasser de ma maison — s'écria Jacques Ferrand, qui s'abandonnait encore à une vaine espérance. — Oui, car je n'attendrais rien de vous. Mais malheur!... malheur! je vous connais maintenant assez... pour espérer, malgré moi, qu'un jour je devrai peut-être à votre désœuvrement ou à un de vos dédaigneux caprices ce que je n'obtiendrai jamais de votre amour... Vous me dites de vous convaincre de ma passion; ne voyez-vous pas combien je suis malheureux, mon Dieu?.. Je fais pourtant tout ce que je peux pour vous plaire... Vous voulez être cachée à tous les yeux, je vous cache à tous les yeux, peut-être au risque de me compromettre gravement; car, enfin, moi, je ne sais pas qui vous êtes; je respecte votre secret, je ne vous en parle jamais... Je vous ai interrogée sur votre vie passée... vous ne m'avez pas répondu...

— Eh bien! j'ai eu tort; je vais vous donner une marque de confiance aveugle, ô mon maître... écoutez-moi donc.

— Encore une plaisanterie amère, n'est-ce pas?

— Non... c'est très-sérieux... Il faut au moins que vous connaissiez la vie de celle à qui vous donnez une si généreuse hospitalité... — Et Cecily ajouta d'un ton de componction hypocrite et larmoyante : — Fille d'un brave soldat, frère de ma tante Pipelet, j'ai reçu une éducation au-dessus de mon état; j'ai été séduite, puis abandonnée par un jeune homme riche. Alors, pour échapper au courroux de mon vieux père, intraitable sur l'honneur, j'ai fui mon pays natal... — Puis, éclatant de rire, Cecily ajouta : — Voilà, j'espère, une petite histoire très-présentable et surtout très-probable, car elle a été souvent racontée. Amusez toujours votre curiosité avec cela, en attendant quelque révélation plus piquante.

— J'étais bien sûr que c'était une cruelle plaisanterie — dit le notaire avec une rage concentrée. — Rien ne vous touche... rien... que faut-il faire? parlez donc au moins. Je vous sers comme le dernier des valets... pour vous je néglige mes plus chers intérêts, je ne sais plus ce que je fais... je suis un sujet de surprise, de risée pour mes clercs... mes clients hésitent à me laisser leurs affaires... j'ai rompu avec quelques personnes pieuses que je voyais... je n'ose penser à ce que dit le public de ce renversement de toutes mes habitudes... Mais vous ne savez pas, non, vous ne savez pas les funestes conséquences que ma folle passion peut avoir pour moi... Voilà cependant des preuves de dévouement, des sacrifices... En voulez-vous d'autres?.. parlez? Est-ce de l'or qu'il vous faut?... On me croit plus riche que je ne le suis... mais je...

— Que voulez-vous que je fasse maintenant de votre or? — dit Cecily en interrompant le notaire et en haussant les épaules; — pour habiter cette chambre... à quoi bon de l'or?.. Vous êtes peu inventif!

—Mais ce n'est pas ma faute, à moi, si vous êtes prisonnière. Cette chambre vous déplait-elle? la voulez-vous plus magnifique? parlez... ordonnez...

— A quoi bon, encore une fois... à quoi bon?... Oh! si je devais y attendre un être adoré... brûlant de l'amour qu'il inspire et qu'il partage, je voudrais de l'or, de la soie, des fleurs, des parfums; toutes les merveilles du luxe, rien de trop somptueux, de trop enchanteur pour servir de cadre à mes ardentes amours — dit Cecily avec un accent passionné qui fit bondir le notaire.

— Eh bien! ces merveilles de luxe... dites un mot, et...

— A quoi bon? à quoi bon? Que faire d'un cadre sans tableau?... Et l'être adoré... où serait-il... ô mon maître?

— C'est vrai!.. — s'écria le notaire avec amertume. — Je suis vieux... je suis laid... je ne peux inspirer que le dégoût et l'aversion... Elle m'accable de mépris... elle se joue de moi... et je n'ai pas la force de la chasser... Je n'ai que la force de souffrir.

— Oh! l'insupportable pleurard, oh! le niais personnage avec ses doléances! —s'écria Cecily d'un ton sardonique et méprisant; — il ne sait que gémir, que se désespérer... et il est depuis dix jours... enfermé seul avec une jeune femme... au fond d'une maison déserte...

— Mais cette femme me dédaigne... mais cette femme est armée... mais cette femme est enfermée!... — s'écria le notaire avec fureur.

— Eh bien! surmonte les dédains de cette femme; fais tomber son poignard de sa main; contrains-la à ouvrir cette porte qui te sépare d'elle... et cela non par la force brutale... elle serait impuissante.

— Et comment alors?

— Par la force de ta passion...

— La passion... et puis-je en inspirer, mon Dieu?

— Tiens, tu n'es qu'un notaire doublé de sacristain... tu me fais pitié... Est-ce à moi à t'apprendre ton rôle?.. Tu es laid... sois terrible : on oubliera ta laideur. Tu es vieux... sois énergique : on oubliera ton âge. Tu es repoussant... sois menaçant. Puisque tu ne peux être le noble cheval qui hennit fièrement au milieu de ses cavales amoureuses... ne sois pas du moins le stupide chameau qui plie les genoux et tend le dos... sois tigre... un vieux tigre qui rugit au milieu du carnage a encore sa beauté... sa tigresse lui répond du fond du désert...

A ce langage qui n'était pas sans une sorte d'éloquence naturelle et hardie, Jacques Ferrand tressaillit, frappé de l'expression sauvage, presque féroce, des traits de Cecily, qui, le sein gonflé, la narine ouverte, la bouche insolente, attachait sur lui ses grands yeux noirs et brûlants.

Jamais elle ne lui avait paru plus belle...

— Parlez, parlez encore — s'écria-t-il avec exaltation — vous parlez sérieusement cette fois... Oh! si je pouvais...

— On peut ce qu'on veut — dit brusquement Cecily.

— Mais...

— Mais je te dis que si vieux, si repoussant que tu sois... je voudrais être à ta place, et avoir à séduire une femme belle, ardente et jeune, que la solitude m'aurait livrée, une femme qui comprend tout... parce qu'elle est peut-être capable de tout... oui, je la séduirais. Et, une fois ce but atteint, ce qui aurait été contre moi... tournerait à mon avantage... Quel orgueil, quel triomphe de se dire : J'ai su me faire pardonner mon âge et ma laideur! L'amour qu'on me témoigne, je ne le dois pas à la pitié, à un caprice dépravé : je le dois à mon esprit, à mon audace, à mon énergie... je le dois enfin à ma passion effrénée... Oui, et maintenant ils seraient là de beaux jeunes gens, brillants de grâce et de charme, que cette femme si belle, que j'ai vaincue par les preuves sans bornes d'une passion effrénée, n'aurait pas un regard pour eux ; non... car elle saurait que ces élégants efféminés craindraient de compromettre le nœud de leur cravate ou une boucle de leur chevelure pour obéir à un de ses ordres fantasques... tandis qu'elle jetterait son mouchoir au milieu des flammes, que, sur un signe d'elle, son vieux tigre se précipiterait dans la fournaise avec un rugissement de joie.

— Oui, je le ferais !.. Essayez, essayez ! — s'écria Jacques Ferrand de plus en plus exalté.

Cecily continua en s'approchant davantage du guichet et en attachant sur Jacques Ferrand un regard fixe et pénétrant.

— Car cette femme saurait bien — reprit la créole — qu'elle aurait un caprice exorbitant à satisfaire... que ces beaux-fils regarderaient à leur argent s'ils en avaient, ou, s'ils n'en avaient pas, à une bassesse... tandis que son vieux tigre...

— Ne regarderait à rien... lui... entendez-vous? à rien... Fortune... honneur... il saurait tout sacrifier; lui!...

— Vrai?.. — dit Cecily en posant ses doigts charmants sur les doigts osseux et velus de Jacques Ferrand, dont les mains crispées, passant au travers du guichet, étreignaient l'épaisseur de la porte.

Pour la première fois il sentait le contact de la peau fraîche et polie de la créole.

Il devint plus pâle encore, poussa une sorte d'aspiration rauque.

— Comment cette femme ne serait-elle pas ardemment passionnée? — ajouta Cecily. — Aurait-elle un ennemi... que, le désignant du regard à son vieux tigre... elle lui dirait : Frappe... et...

— Et il frapperait... — s'écria Jacques Ferrand, en tâchant d'approcher du bout des doigts de Cecily ses lèvres desséchées.

— Vrai?.. le vieux tigre frapperait? — dit la créole en appuyant doucement sa main sur la main de Jacques Ferrand.

— Pour te posséder — s'écria le misérable — je crois que je commettrais un crime...

— Tiens, maître... — dit tout à coup Cecily en retirant sa main — à ton tour, va-t'en... va-t'en... je ne te reconnais plus; tu ne me parais plus si laid... que tout à l'heure... va-t'en.

Elle s'éloigna brusquement du guichet.

La détestable créature sut donner à son geste et à ces dernières paroles un accent de vérité si incroyable, son regard à la fois surpris, brûlant et courroucé semblait exprimer si naturellement son dépit d'avoir un moment oublié la laideur de Jacques Ferrand, que celui-ci, transporté d'une espérance frénétique, s'écria en se cramponnant aux barreaux du guichet :

— Cecily... reviens... reviens... ordonne... je serai ton tigre...

— Non, non, maître... — dit Cecily en s'éloignant de plus en plus du guichet — et pour conjurer le diable qui me tente... je vais chanter une chanson de mon pays... Maître, entends-tu !.. au dehors le vent redouble, la tempête se déchaîne... quelle belle nuit pour deux amants, assis côte à côte auprès d'un beau feu pétillant...

— Cecily... reviens!.. — cria Jacques Ferrand d'un ton suppliant.

— Non, non, plus tard... quand je le pourrai sans danger... mais la lumière de cette lampe blesse ma vue... une douce langueur appesantit mes paupières... je ne sais quelle émotion m'agite... une demi-obscurité me plaira davantage... on dirait que je suis dans le crépuscule du plaisir...

Et Cecily alla vers la cheminée, éteignit la lampe, prit une guitare suspendue au mur, et attisa le feu dont les flamboyantes lueurs éclairèrent alors cette vaste pièce.

De l'étroit guichet où il se tenait immobile, tel était le tableau qu'apercevait Jacques Ferrand :

Au milieu de la zone lumineuse formée par les tremblantes clartés du foyer, Cecily, dans une pose pleine de mollesse et d'abandon, à demi couchée sur un vaste divan de damas grenat, tenait une guitare dont elle tirait quelques harmonieux préludes.

Le foyer embrasé jetait ses reflets vermeils sur la créole, qui apparaissait ainsi vivement éclairée, au milieu de l'obscurité du reste de la chambre.

Pour compléter l'effet de ce tableau, que le lecteur se rappelle l'aspect mystérieux, presque fantastique, d'un appartement où la flamme de la cheminée lutte contre les grandes ombres noires qui tremblent au plafond et sur les murailles...

L'ouragan redoublait de violence, on l'entendait mugir au dehors.

Tout en préludant sur sa guitare, Cecily attachait opiniâtrément son regard magnétique sur Jacques Ferrand, qui, fasciné, ne la quittait pas des yeux.

— Tenez, maître — dit la créole — écoutez une chanson de mon pays; nous ne savons pas faire de vers, nous disons un simple récitatif sans rimes, et entre chaque repos nous improvisons tant bien que mal une cantilène appropriée à l'idée du couplet; c'est très-naïf et très-pastoral, cela vous plaira, j'en suis sûre, maître... Cette chanson s'appelle *la Femme amoureuse;* c'est elle qui parle.

Et Cecily commença une sorte de récitatif

bien plus accentué par l'expression de la voix que par la modulation du chant.

Quelques accords doux et frémissants servaient d'accompagnement.

Telle était la chanson de Cecily :

Des fleurs, partout des fleurs...
Mon amant va venir ! L'attente du bonheur et me brise et m'énerve.
Adoucissons l'éclat du jour, la volupté cherche une ombre transparente...
Au frais parfum des fleurs mon amant préfère ma chaude haleine...
L'éclat du jour ne blessera pas ses yeux, car ses paupières, sous mes baisers, resteront closes.
Mon ange, oh ! viens... mon sein bondit, mon sang brûle...
Viens... viens... viens...

Ces paroles, dites avec autant d'ardeur impatiente que si la créole se fût adressée à un amant invisible, furent ensuite pour ainsi dire traduites par elle dans un thème d'une mélodie enchanteresse; ses doigts charmants tiraient de sa guitare, instrument ordinairement peu sonore, des vibrations pleines d'une suave harmonie.

La physionomie animée de Cecily, ses yeux voilés, humides, toujours attachés sur ceux de Jacques Ferrand, exprimaient les brûlantes langueurs de l'attente.

Paroles amoureuses, musique enivrante, regards enflammés, beauté sensuellement idéale, au dehors le silence, la nuit... tout concourait en ce moment à égarer la raison de Jacques Ferrand.

Aussi, éperdu, s'écria-t-il :

— Grâce... Cecily !.. grâce !.. c'est à en perdre la tête !.. Tais-toi, c'est à mourir !.. Oh ! je voudrais être fou !...

— Écoutez donc le second couplet, maître — dit la créole en préludant de nouveau.

Et elle continua son récitatif passionné :

Si mon amant était là et que sa main effleurât mon épaule nue, je me sentirais frissonner et mourir...

S'il était là... et que ses cheveux effleurassent ma joue, ma joue si pâle deviendrait pourpre...

Ma joue si pâle serait en feu...

Ame de mon âme, si tu étais là... mes lèvres desséchées, mes lèvres avides ne diraient pas une parole...

Vie de ma vie, si tu étais là, ce n'est pas moi qui, expirante... demanderais grâce...

Ceux que j'aime comme je t'aime... je les tue...

Mon ange, oh ! viens... mon sein bondit... mon sang brûle...

Viens... viens... viens...

Si la créole avait accentué la première

strophe avec une langueur voluptueuse, elle mit dans ces dernières paroles tout l'emportement de l'amour antique.

Et comme si la musique eût été impuissante à exprimer son fougueux délire, elle jeta sa guitare loin d'elle... et se levant à demi en tendant les bras vers la porte où se tenait Jacques Ferrand, elle répéta d'une voix éperdue, mourante :

— *Oh ! viens... viens... viens...*

Peindre le regard électrique dont elle accompagna ces paroles serait impossible...

Jacques Ferrand poussa un cri terrible.

— Oh ! la mort.... la mort à celui que tu aimerais ainsi... à qui tu dirais ces paroles brûlantes ! — s'écria-t-il en ébranlant la porte dans un emportement de jalousie et d'ardeur furieuse. — Oh !.. ma fortune... ma vie pour une minute de cette volupté dévorante... que tu peins en traits de flamme.

Souple comme une panthère, d'un bond Cecily fut au guichet; et comme si elle eût difficilement concentré ses feints transports, elle dit à Jacques Ferrand d'une voix basse, concentrée, palpitante :

— Eh bien !.. je te l'avoue... je me suis embrasée moi-même... aux ardentes paroles de cette chanson. Je ne voulais pas revenir à cette porte... et m'y voilà revenue... malgré moi... car j'entends encore tes paroles de tout à l'heure : *Si tu me disais frappe... je frapperais...* Tu m'aimes donc bien ?

— Veux-tu... de l'or... tout mon or ?..

— Non... j'en ai...

— As-tu un ennemi ?.. je le tue.

— Je n'ai pas d'ennemi...

— Veux-tu être ma femme ?.. je t'épouse...

— Je suis mariée !..

— Mais que veux-tu donc alors ? mon Dieu !.. Que veux-tu donc ?..

— Prouve-moi que ta passion pour moi est aveugle, furieuse, que tu lui sacrifierais tout !..

— Tout ! oui, tout ! mais comment ?

— Je ne sais... mais il y a un instant l'éclat de tes yeux m'a éblouie... Si à cette heure tu me donnais une de ces marques d'amour forcené qui exaltent l'imagination d'une femme jusqu'au délire... je ne sais pas de quoi je serais capable !.. Hâte-toi ! je suis capricieuse ; demain, l'impression de tout à l'heure sera peut-être effacée.

— Mais quelle preuve puis-je te donner ici, à l'instant? — cria le misérable en se tordant les mains. — C'est un supplice atroce! Quelle preuve?.. dis, quelle preuve?

— Tu n'es qu'un sot! — répondit Cecily en s'éloignant du guichet avec une apparence de dépit dédaigneux et irrité. — Je me suis trompée! je te croyais capable d'un dévouement énergique!.. Bonsoir... C'est dommage...

— Cecily... oh! ne t'en va pas... reviens... Mais que faire?.. dis-le moi au moins. Oh! ma tête s'égare... que faire? mais que faire?

— Cherche...

— Mon Dieu! mon Dieu!

— Je n'étais que trop disposée à me laisser séduire, si tu l'avais voulu... Tu ne retrouveras pas une occasion pareille.

— Mais enfin... on dit ce qu'on veut! — s'écria le notaire presque insensé.

— Devine...

— Explique-toi... ordonne...

— Eh! si tu me désirais aussi passionnément que tu le dis... tu trouverais le moyen de me persuader... Bonsoir...

— Cecily!..

— Je vais fermer ce guichet... au lieu d'ouvrir cette porte...

— Grâce! écoute...

— Un moment j'avais pourtant cru que ma tête se montait... ce foyer s'éteint... l'obscurité serait venue... je n'aurais plus songé qu'à ton dévouement; alors ce verrou... mais, non... tu ne veux pas... oh! tu ne sais pas ce que tu perds... Bonsoir, saint homme...

— Cecily... écoute... reste... j'ai trouvé...

S'écria Jacques Ferrand après un moment de silence et avec une explosion de joie impossible à rendre.

Le misérable fut alors frappé de vertige.

Une vapeur impure obscurcit son intelligence; livré aux appétits aveugles et furieux de la brute, il perdit toute prudence... toute réserve... l'instinct de sa conservation morale l'abandonna...

— Eh bien! cette preuve de ton amour? — dit la créole qui, s'étant rapprochée de la cheminée pour y prendre son poignard, revint lentement près du guichet, doucement éclairée par la lueur du foyer...

Puis, sans que le notaire s'en aperçût, elle s'assura du jeu d'une chaînette de fer qui reliait deux pitons, dont l'un était vissé dans la porte, l'autre dans le chambranle.

— Écoute — dit Jacques Ferrand d'une voix rauque et entrecoupée — écoute... si je mettais mon honneur... ma fortune... ma vie à ta merci... là... à l'instant... croirais-tu que je t'aime? Cette preuve de folle passion te suffirait-elle, dis?

— Ton honneur... ta fortune... ta vie?.. je ne te comprends pas.

— Si je te livre un secret qui peut me faire monter sur l'échafaud, seras-tu à moi?

— Toi... criminel? tu railles... et ton austérité?

— Mensonge...

— Ta probité?

— Mensonge...

— Ta piété?

— Mensonge...

— Tu passes pour un saint, et tu serais un démon... tu te vantes... Non, il n'y a pas d'homme assez habilement rusé, assez froidement énergique, assez heureusement audacieux pour capter ainsi la confiance et le respect des hommes... Ce serait un sarcasme infernal, un épouvantable défi jeté à la face de la société !

— Je suis cet homme... J'ai jeté ce sarcasme et ce défi à la face de la société — s'écria le monstre dans un accès d'épouvantable orgueil.

— Jacques !... Jacques !... ne parle pas ainsi — dit Cecily d'une voix stridente et le sein palpitant — tu me rendrais folle...

— Ma tête pour tes caresses... veux-tu ?

— Ah ! voilà donc de la passion enfin !... — s'écria Cecily — Tiens... prends mon poignard... tu me désarmes...

Jacques Ferrand prit, à travers le guichet, l'arme dangereuse avec précaution, et la jeta au loin dans le corridor.

— Cecily... tu me crois donc ? — s'écria-t-il avec transport.

— Si je te crois ! — dit la créole en appuyant avec force ses deux mains charmantes sur les mains crispées de Jacques Ferrand. —

Oui, je te crois... car je retrouve ton regard de tout à l'heure, ce regard qui m'avait fascinée... Tes yeux étincellent d'une ardeur sauvage. Jacques... je les aime, tes yeux !

— Cecily ! ! !

— Tu dois dire vrai...

— Si je dis vrai !.. Oh ! tu vas voir.

— Ton front est menaçant... ta figure redoutable... Tiens, tu es effrayant et beau comme un tigre en fureur... Mais tu dis vrai, n'est-ce pas ?

— J'ai commis des crimes, te dis-je !

— Tant mieux... si par leur aveu tu me prouves ta passion...

— Et si je dis tout ?

— Je t'accorde tout... car si tu as cette confiance aveugle, courageuse... vois-tu, Jacques... ce ne serait plus l'amant idéal de la chanson que j'appellerais. C'est à toi... mon tigre... à toi... que je dirais : Viens... viens... viens...

En disant ces derniers mots avec une expression avide et ardente, Cecily s'approcha si près, si près du guichet, que Jacques Ferrand sentit sur sa joue le souffle embrasé de la créole, et sur ses doigts velus l'impression électrique de ses lèvres fraîches et fermes...

— Oh ! tu seras à moi... je serai ton tigre — s'écria-t-il — et après, si tu le veux, tu me déshonoreras, tu feras tomber ma tête... Mon honneur, ma vie, tout est à toi maintenant...

— Ton honneur?

— Mon honneur ! Écoute : il y a dix ans, on m'avait confié un enfant et deux cent mille francs qu'on lui destinait ; j'ai abandonné l'enfant, je l'ai fait passer pour morte au moyen d'un faux acte de décès, et j'ai gardé l'argent...

— C'est habile et hardi... qui aurait cru cela de toi ?..

— Écoute encore : je haïssais mon caissier... Un soir, il avait pris chez moi un peu d'or qu'il m'a restitué le lendemain ; mais pour perdre ce misérable, je l'ai accusé de m'avoir volé une somme considérable. On m'a cru, on l'a jeté en prison... Maintenant mon honneur est-il à ta merci ?

— Oh !.. tu m'aimes... Jacques... tu m'aimes... Me livrer ainsi tes secrets... quel empire ai-je donc sur toi ?.. Je ne serai pas ingrate...

donne ce front où sont nées tant d'infernales pensées... que je le baise...

— Oh! s'écria le notaire en balbutiant — l'échafaud serait là... dressé, que je ne reculerais pas... Écoute encore... Cette enfant, autrefois abandonnée, s'est retrouvée sur mon chemin... elle m'inspirait des craintes... je l'ai fait tuer...

— Toi?.. Et comment?.. où cela?..

— Il y a peu de jours... près du pont d'Asnières... à l'île du Ravageur... Un nommé Martial l'a noyée dans un bateau à soupape... Voilà-t-il assez de détails?.. me croiras-tu?..

— Oh! démon... d'enfer... tu m'épouvantes et pourtant tu m'attires... tu me passionnes... Quel est donc ton pouvoir?

— Écoute encore... Avant cela, un homme m'avait confié cent mille écus... je l'ai fait tomber dans un guet-apens... je lui ai brûlé la cervelle... j'ai prouvé qu'il s'était suicidé, et j'ai nié le dépôt que sa sœur réclamait... Maintenant ma vie est à ta merci... ouvre.

— Jacques... tiens... je t'adore! — dit la créole avec exaltation.

— Oh! viennent mille morts... et je les

brave!.. — s'écria le notaire dans un enivrement impossible à peindre. — Oui, tu avais raison, je serais jeune, charmant, que je n'éprouverais pas cette joie triomphante... La clef!.. jette-moi la clef!.. tire le verrou...

La créole ôta la clef de la serrure, fermée en dedans, et la donna au notaire par le guichet, en lui disant éperdument :

— Jacques... je suis folle!..

— Tu es à moi enfin! — s'écria-t-il avec un rugissement sauvage, en faisant précipitamment tourner le pêne de la serrure.

Mais la porte, fermée au verrou, ne s'ouvrit pas encore.

— Viens, mon tigre! viens... — dit Cecily d'une voix mourante.

— Le verrou... le verrou... — s'écria Jacques Ferrand.

— Mais si tu me trompais... — s'écria tout à coup la créole — si ces secrets... tu les inventais... pour te jouer de moi...

Le notaire resta un moment frappé de stupeur ; il se croyait au terme de ses vœux ; ce dernier temps d'arrêt mit le comble à son impatiente furie.

Il porta rapidement la main à sa poitrine, ouvrit son gilet, rompit avec violence une chaînette d'acier à laquelle était suspendu un petit portefeuille rouge, le prit, et le montrant par le guichet à Cecily, il lui dit d'une voix oppressée, haletante :

— Voilà de quoi faire tomber ma tête... tire le verrou... le portefeuille est à toi...

— Donne, mon tigre... — s'écria Cecily.

Et tirant bruyamment le verrou d'une main, de l'autre elle saisit le portefeuille...

Mais Jacques Ferrand ne le lui abandonna qu'au moment où il sentit la porte céder sous son effort...

Mais si la porte céda... elle ne fit que s'entrebâiller de la largeur d'un demi-pied environ, retenue qu'elle était à la hauteur de la serrure par la chaîne et les pitons.

A cet obstacle imprévu, Jacques Ferrand se précipita contre la porte et l'ébranla d'un effort désespéré.

Cecily, avec la rapidité de la pensée, prit le portefeuille entre ses dents, ouvrit la croisée, jeta dans la cour un manteau, et aussi leste que hardie, se servant d'une corde à nœuds fixée à l'avance au balcon, elle se laissa glisser du premier étage dans la cour, rapide et légère comme une flèche qui tombe à terre...

Puis, s'enveloppant à la hâte dans le manteau, elle courut à la loge du portier, l'ouvrit, tira le cordon, sortit dans la rue et sauta dans une voiture qui, depuis l'entrée de Cecily chez Jacques Ferrand, venait chaque soir, à tout événement, par ordre du baron de Graün, stationner à vingt pas de la maison du notaire...

Cette voiture partit au grand trot de deux vigoureux chevaux.

Elle atteignit le boulevard avant que Jacques Ferrand se fût aperçu de la fuite de Cecily.

Revenons à ce monstre...

Par l'entre-bâillement de la porte, il ne pouvait apercevoir la fenêtre dont la créole s'était servie pour préparer et assurer sa fuite...

D'un dernier coup furieux de ses larges épaules, Jacques Ferrand fit éclater la chaîne qui tenait la porte entr'ouverte...

Il se précipita dans la chambre...

Il ne trouva personne...

La corde à nœuds se balançait encore au balcon de la croisée où il se pencha...

Alors, de l'autre côté de la cour, à la clarté de la lune qui se dégageait des nuages amoncelés par l'ouragan, il vit, dans l'enfoncement de la voûte d'entrée, la porte-cochère ouverte.

Jacques Ferrand devina tout...

Une dernière lueur d'espoir lui restait.

Vigoureux et déterminé, il enjamba le balcon, se laissa glisser à son tour dans la cour au moyen de la corde et sortit en hâte de sa maison.

La rue était déserte...

Il ne vit personne.

Il n'entendit d'autre bruit que le roulement lointain de la voiture qui emportait rapidement la créole.

Le notaire pensa que c'était quelque carrosse attardé, et n'attacha aucune attention à cette circonstance.

Ainsi pour lui aucune chance de retrouver Cecily, qui emportait avec elle la preuve de ses crimes!!!

A cette épouvantable certitude, il tomba foudroyé sur une borne placée à sa porte.

Il resta long-temps là, muet, immobile, pétrifié.

Les yeux fixes, hagards, les dents serrées, la bouche écumante, labourant machinalement de ses ongles sa poitrine qu'il ensanglantait, il sentait sa pensée s'égarer et se perdre dans un abîme sans fond.

Lorsqu'il sortit de sa stupeur, il marchait pesamment et d'un pas mal assuré; les objets vacillaient à sa vue comme s'il sortait d'une ivresse profonde...

Il ferma violemment la porte de la rue et rentra dans sa cour...

La pluie avait cessé.

Le vent, continuant de souffler avec force, chassait de lourdes nuées grises qui voilaient, sans l'obscurcir, la clarté de la lune dont la lumière blafarde éclairait la maison.

Un peu calmé par l'air vif et froid de la nuit, Jacques Ferrand, espérant combattre son agitation intérieure par la précipitation de sa marche, s'enfonça dans les allées boueuses de son jardin, marchant à pas rapides, saccadés, et de temps à autre portant à son front ses deux poings crispés...

Allant ainsi au hasard, il arriva au bout d'une allée, près d'une serre en ruines.

Tout à coup il trébucha violemment contre un amas de terre fraîchement remuée.

Il se baissa, regarda machinalement et vit quelques linges ensanglantés.

Il se trouvait près de la fosse que Louise Morel avait creusée pour y cacher son enfant mort...

Son enfant... qui était aussi celui de Jacques Ferrand...

Malgré son endurcissement, malgré les effroyables craintes qui l'agitaient... Jacques Ferrand frissonna d'épouvante...

Il y avait quelque chose de fatal... dans ce rapprochement...

Poursuivi par la punition vengeresse de sa LUXURE, le hasard le ramenait sur la fosse de son enfant... malheureux fruit de sa violence et de sa LUXURE!!!

Dans toute autre circonstance Jacques Ferrand eût foulé cette sépulture avec une indifférence atroce; mais ayant épuisé son énergie sauvage dans la scène que nous avons racontée, il se sentit saisi d'une faiblesse et d'une terreur soudaine...

Son front s'inonda d'une sueur glacée, ses genoux tremblants se dérobèrent sous lui, et il tomba sans mouvement à côté de cette tombe ouverte.

# CHAPITRE XVI.

## LA FORCE.

...... Erreur inexplicable ! erreur injuste !
erreur cruelle !     (*Wolfrang*, liv. II.)

Peut-être nous accusera-t-on, à propos de l'extension donnée aux scènes suivantes, de porter atteinte à l'*unité* de notre fable par quelques tableaux épisodiques; mais il nous semble que dans ce moment surtout, où d'importantes questions pénitentiaires, questions qui touchent au vif de l'état social, sont à la veille d'être, sinon résolues (nos législateurs s'en garderont bien), du moins discutées, il nous semble que l'intérieur d'une prison, effrayant pandémonium, lugubre *thermomètre* de la *civilisation*, serait une étude opportune.

En un mot, les physionomies variées des détenus de toutes classes, les relations de famille ou d'affection qui les rattachent encore au monde dont les murs de la prison les séparent, nous ont paru dignes d'intérêt.

On nous excusera donc d'avoir groupé autour de plusieurs prisonniers, personnages connus de cette histoire, d'autres figures secondaires, destinées à mettre en action, en relief, certaines idées critiques, et à compléter cette initiation à la *vie de prison*.

........................................

Entrons a la Force...

Rien de sombre, rien de sinistre dans l'aspect de cette maison de détention, située rue du Roi de Sicile, au Marais.

Au milieu de l'une des premières cours, on voit quelques massifs de terre, plantés d'arbustes, aux pieds desquels pointent déjà çà et là les pousses vertes et précoces des primevères et des perce-neige ; un perron surmonté d'un porche en treillage, où serpentent les rameaux noueux de la vigne, conduit à l'un des sept ou huit promenoirs destinés aux détenus.

Les vastes bâtiments qui entourent ces cours ressemblent beaucoup à ceux d'une caserne ou d'une manufacture tenue avec un soin extrême.

LA FORCE. 309

Ce sont de grandes façades de pierre blanche percées de hautes et larges fenêtres où circule abondamment un air vif et pur. Les dalles et le pavé des préaux sont d'une scrupuleuse propreté. Au rez-de-chaussée, de vastes salles chauffées pendant l'hiver, fraîchement aérées pendant l'été, servent durant le jour de lieu de conversation, d'atelier ou de réfectoire aux détenus.

Les étages supérieurs sont consacrés à d'immenses dortoirs de dix ou douze pieds d'élévation, au carrelage net et luisant; deux rangées de lits de fer les garnissent, lits excellents, composés d'une paillasse, d'un moelleux et épais matelas, d'un traversin, de draps de toile bien blanche et d'une chaude couverture de laine.

A la vue de ces établissements réunissant toutes les conditions du bien-être et de la salubrité, on reste malgré soi fort surpris, habitué que l'on est à regarder les prisons comme des antres tristes, sordides, malsains et ténébreux.

On se trompe.

Ce qui est triste, sordide et ténébreux, ce

sont les bouges où, comme Morel le lapidaire, tant de pauvres et honnêtes ouvriers languissent épuisés, forcés d'abandonner leur grabat à leur femme infirme, et de laisser avec un impuissant désespoir leurs enfants hâves, affamés, grelotter de froid dans leur paille infecte.

Même contraste entre la physionomie de l'habitant de ces deux demeures.

Incessamment préoccupé des besoins de sa famille, auxquels il suffit à peine au jour le jour, voyant une folle concurrence amoindrir son salaire, l'artisan laborieux sera chagrin, abattu, l'heure du repos ne sonnera pas pour lui, une sorte de lassitude somnolente interrompra seul son travail exagéré... Puis, au réveil de ce douloureux assoupissement il se retrouvera face à face avec les mêmes pensées accablantes sur le présent, avec les mêmes inquiétudes pour le lendemain.

Bronzé par le vice, indifférent au passé, heureux de la vie qu'il mène, certain de l'avenir (il peut se l'assurer par un délit ou par un crime), regrettant la liberté sans doute, mais trouvant de larges compensations dans le bien-être matériel dont il jouit, certain d'emporter à sa sortie de prison une bonne somme d'argent, gagnée par un labeur commode et modéré; estimé, c'est-à-dire redouté de ses compagnons en raison de son cynisme et de sa perversité, le condamné, au contraire, sera toujours insouciant et gai.

Encore une fois, que lui manque-t-il?

Ne trouve-t-il pas en prison un bon abri, bon lit, bonne nourriture, salaire élevé (1), travail facile, et surtout et avant tout *société de son choix*, société, répétons-le, qui mesure sa considération à la grandeur des forfaits?

Un condamné endurci ne connaît donc ni la misère, ni la faim, ni le froid. Que lui importe l'horreur qu'il inspire aux honnêtes gens?

Il ne les voit pas, il n'en connaît pas.

Ses crimes font sa gloire, son influence, sa force auprès des bandits au milieu desquels il passera désormais sa vie.

Comment craindrait-il la honte?

---

(1) Salaire élevé, si l'on songe que, défrayé de tout, le condamné peut gagner de 5 à 10 sous par jour. Combien est-il d'ouvriers qui puissent économiser une telle somme?

Au lieu de graves et charitables remontrances qui pourraient le forcer à rougir et à se repentir du passé, il entend de farouches applaudissements qui l'encouragent au vol et au meurtre.

A peine emprisonné, il médite de nouveaux forfaits.

Quoi de plus logique?

S'il est découvert, arrêté derechef, il retrouvera le repos, le bien-être matériel de la prison, et ses joyeux et hardis compagnons de crime et de débauche...

Sa corruption est-elle moins grande que celle des autres, manifeste-t-il, au contraire, le moindre remords; il est exposé à des railleries atroces, à des huées infernales, à des menaces terribles.

Enfin, chose si rare qu'elle est devenue l'exception de la règle, un condamné sort-il de cet épouvantable pandémonium avec la volonté ferme de revenir au bien par des prodiges de travail, de courage, de patience et d'honnêteté, a-t-il pu cacher son infamant passé; la rencontre d'un de ses anciens camarades de prison suffit pour renverser cet

échafaudage de réhabilitation si péniblement
élevé.

Voici comment :

Un libéré endurci propose une *affaire* à un
libéré repentant; celui-ci, malgré de dangereuses menaces, refuse cette criminelle asso-
ciation; aussitôt une délation anonyme dé-
voile la vie de ce malheureux qui voulait à
tout prix cacher et expier une première faute
par une conduite honorable.

Alors, exposé aux dédains ou au moins à
la défiance de ceux dont il avait conquis l'intérêt à force de labeur et de probité, réduit à
la détresse, aigri par l'injustice, égaré par le
besoin, cédant enfin à ses funestes obsessions,
cet homme presque réhabilité retombera encore et pour toujours au fond de l'abîme d'où
il était si difficilement sorti.

Dans les scènes suivantes nous tâcherons
donc de démontrer les monstrueuses et iné-
vitables conséquences *de la réclusion en commun.*

Après des siècles d'épreuves barbares, d'hé-
sitations pernicieuses, on paraît comprendre qu'il est peu raisonnable de plonger dans

une atmosphère abominablement viciée des gens qu'un air pur et salubre pourrait seul sauver.

Que de siècles pour reconnaître qu'en agglomérant les êtres gangrenés, on redouble l'intensité de leur corruption, qui devient ainsi incurable!

Que de siècles pour reconnaître qu'il n'est, en un mot, qu'un remède à cette lèpre envahissante qui menace le corps social!..

L'ISOLEMENT!..

Nous nous estimerions heureux si notre faible voix pouvait être, sinon comptée, du moins entendue parmi toutes celles qui, plus imposantes, plus éloquentes que la nôtre, demandent, avec une si juste et si impatiente insistance, l'application complète, absolue, *du système cellulaire.*

Un jour aussi, peut-être, la société saura que le mal est une maladie accidentelle et non pas organique; que les crimes sont presque toujours des faits de subversion d'instincts, de penchants toujours bons dans leur essence, mais faussés, mais maléficiés par l'ignorance, l'égoïsme ou l'incurie des gouvernants, et que la santé de l'âme, comme celle du corps, est invinciblement subordonnée aux lois d'une hygiène salubre et préservatrice.

Dieu donne à tous des organes impérieux, des appétits énergiques, le désir du bien-être ; c'est à la société d'équilibrer et de satisfaire ces besoins.

L'homme qui n'a en partage que force, bon vouloir et santé, a *droit*, souverainement DROIT, à un labeur justement rétribué, qui lui assure non le superflu, mais le nécessaire, mais le moyen de rester sain et robuste, actif et laborieux... partant honnête et bon, parce que sa condition sera heureuse.

Les sinistres régions de la misère et de l'ignorance sont peuplées d'êtres morbides, aux cœurs flétris. Assainissez ces cloaques, répandez-y l'instruction, l'attrait du travail, d'équitables salaires, de justes récompenses, et aussitôt ces visages maladifs, ces âmes étiolées renaîtront au bien, qui est la santé, la vie de l'âme.

. . . . . . . . . . . . . . . . . . . . . . . .

Nous conduirons le lecteur au parloir de la prison de *la Force*.

C'est une salle obscure, séparée dans sa longueur en deux parties égales par un étroit couloir à claires-voies.

L'une des parties de ce parloir communique à l'intérieur de la prison : elle est destinée aux détenus.

L'autre communique au greffe : elle est destinée aux étrangers admis à visiter les prisonniers.

Ces entrevues et ces conversations ont lieu à travers le double grillage de fer du parloir, en présence d'un gardien qui se tient dans l'intérieur et à l'extrémité du couloir.

L'aspect des prisonniers réunis au parloir ce jour-là offrait de nombreux contrastes : les uns étaient couverts de vêtements misérables, d'autres semblaient appartenir à la classe ouvrière, ceux-ci à la riche bourgeoisie.

Les mêmes contrastes de condition se remarquaient parmi les personnes qui venaient voir les détenus : presque toutes sont des femmes.

Généralement, les prisonniers ont l'air moins tristes que les visiteurs; car, chose étrange, funeste et prouvée par l'expérience, il est peu de chagrins, de hontes, qui résistent à trois ou quatre jours *de prison passés en commun!*

Ceux qui s'épouvantaient le plus de cette hideuse communion s'y habituent promptement ; la contagion les gagne : environnés d'êtres dégradés, n'entendant que des paroles infâmes, une sorte de farouche émulation les entraîne, et, soit pour imposer à leurs compagnons en luttant de cynisme avec eux, soit pour s'étourdir par cette ivresse morale, presque toujours les nouveaux venus affichent autant de dépravation et d'insolente gaieté que les *habitués* de la prison.

Revenons au parloir.

Malgré le bourdonnement sonore d'un grand nombre de conversations tenues à demi-voix d'un côté du couloir à l'autre, prisonniers et visiteurs finissaient, après quelque temps de pratique, par pouvoir causer entre eux, à la condition absolue de ne pas se laisser un moment distraire ou occuper par l'entretien de leurs voisins, ce qui créait une sorte de secret au milieu de ce bruyant échange de paroles, chacun étant forcé d'entendre son interlocuteur, mais de ne pas écouter un mot de ce qui se disait autour de lui.

Parmi les détenus appelés au parloir par des visiteurs, le plus éloigné de l'endroit où siégeait le gardien était Nicolas Martial.

Au morne abattement dont on l'a vu frappé lors de son arrestation avait succédé une assurance cynique.

Déjà la contagieuse et détestable influence de la prison *en commun* portait ses fruits.

Sans doute, s'il eût été aussitôt transféré dans une cellule solitaire, ce misérable encore sous le coup de son premier accablement, face à face avec la pensée de ses crimes, épouvanté de la punition qui l'attendait, ce misérable eût éprouvé, sinon du repentir, au moins une frayeur salutaire dont rien ne l'eût distrait.

Et qui sait ce que peut produire chez un coupable une méditation incessante, forcée, sur les crimes qu'il a commis et sur leurs châtiments?..

Loin de là, jeté au milieu d'une tourbe de bandits, aux yeux desquels le moindre signe de repentir est une lâcheté, ou plutôt une *trahison* qu'ils font chèrement expier, car, dans leur sauvage endurcissement, dans leur stupide défiance, ils regardent comme capable de les espionner, tout homme (s'il s'en trouve) qui, triste et morne, regrettant sa faute, ne partage pas leur audacieuse insouciance et frémit à leur contact.

Jeté, disons-nous, au milieu de ces bandits, Nicolas Martial, connaissant dès long-temps et par tradition les mœurs des prisons, surmonta sa faiblesse et voulut paraître digne d'un nom déjà célèbre dans les annales du vol et du meurtre.

Quelques vieux repris de justice avaient connu son père le supplicié, d'autres son frère le galérien; il fut reçu et aussitôt patroné par ces vétérans du crime avec un intérêt farouche.

Ce fraternel accueil de meurtrier à meurtrier exalta le fils de la veuve; ces louanges données à la perversité héréditaire de sa famille l'enivrèrent. Oubliant bientôt dans ce hideux étourdissement l'avenir qui le menaçait, il ne se souvint de ses forfaits passés que pour s'en glorifier et les exagérer encore aux yeux de ses compagnons.

L'expression de la physionomie de Martial était donc aussi insolente que celle de son visiteur était inquiète et consternée.

Ce visiteur était le père Micou, le recéleur-logeur du passage de la Brasserie, dans la maison duquel madame de Fermont et sa fille, victimes de la cupidité de Jacques Ferrand, avaient été obligées de se retirer.

Le père Micou savait de quelles peines il était passible pour avoir maintes fois acquis à vil prix le fruit des vols de Nicolas et de bien d'autres.

Le fils de la veuve étant arrêté, le recéleur se trouvait presque à la discrétion du bandit, qui pouvait le désigner comme son acheteur habituel. Quoique cette accusation ne pût être appuyée de preuves flagrantes, elle n'en était pas moins très-dangereuse, très-redoutable pour le père Micou; aussi avait-il immédiatement exécuté *les ordres* que Nicolas lui avait fait transmettre par un libéré sortant.

— Eh bien! comment ça va-t-il, père Micou? — lui dit le brigand.

— Pour vous servir, mon brave garçon — répondit le recéleur avec empressement. — Dès que j'ai eu vu la personne que vous m'avez envoyée, tout de suite je me...

— Tiens! pourquoi donc que vous ne me tutoyez plus, père Micou? — dit Nicolas en l'interrompant d'un air sardonique. — Est-ce que vous me méprisez... parce que je suis dans la peine?..

— Non, mon garçon, je ne méprise personne... — dit le recéleur, qui ne se souciait pas d'afficher sa familiarité passée avec ce misérable.

— Eh bien! alors dites-moi *tu*... comme d'habitude, ou je croirai que vous n'avez plus d'amitié pour moi, et ça me fendrait le cœur...

— A la bonne heure — dit le père Micou en soupirant. — Je me suis donc occupé tout de suite de tes petites commissions.

— Voilà qui est parlé, père Micou... je savais bien que vous n'oublieriez pas les amis. Et mon tabac!

— J'en ai déposé deux livres au greffe, mon garçon.

— Il est bon?

— Tout ce qu'il y a de meilleur.

— Et le jambonneau?

— Aussi déposé avec un pain blanc de quatre livres; j'y ai ajouté une petite surprise à laquelle tu ne t'attendais pas... une demi-douzaine d'œufs durs et une belle *tête* de Hollande...

— C'est ce qui s'appelle se conduire en ami! Et du vin?

— Il y a six bouteilles cachetées, mais tu sais qu'on ne t'en délivrera qu'une bouteille par jour.

— Que voulez-vous!... faut bien en passer par là...

— J'espère que tu es content de moi, mon garçon?

— Certainement, et je le serai encore, et je le serai toujours, père Micou, car ce jambonneau, ce fromage, ces œufs et ce vin ne dureront que le temps d'avaler... mais, comme dit l'autre, quand il n'y en aura plus, il y en aura encore, grâce au papa Micou, qui me donnera encore du *nanan* si je suis gentil.

— Comment!... tu veux?...

— Que dans deux ou trois jours vous me

renouveliez mes petites provisions, père Micou.

— Que le diable me brûle si je le fais... c'est bon une fois.

— Bon une fois? allons donc ! des jambons et du vin, c'est bon toujours, vous savez bien ça.

— C'est possible, mais je ne suis pas chargé de te nourrir de friandises.

— Ah ! père Micou !... c'est mal, c'est injuste, me refuser du jambon, à moi qui vous ai si souvent porté du *gras-double* (1).

— Tais-toi donc, malheureux ! — dit le recéleur effrayé.

— Non, j'en ferai juge le *curieux* (2); je lui dirai : Figurez-vous que le père Micou...

— C'est bon, c'est bon — s'écria le recéleur, voyant avec autant de crainte que de colère Nicolas très-disposé à abuser de l'empire que lui donnait leur complicité — j'y consens... je te renouvellerai ta provision, quand elle sera finie.

— C'est juste... rien que juste... Faudra pas non plus oublier d'envoyer du café à ma

---

(1) Du plomb volé.
(2) Le juge.

mère et à Calebasse, qui sont à Saint-Lazare; elles prenaient leur tasse tous les matins... ça leur manquerait...

— Encore ! mais tu veux donc me ruiner, gredin ?...

— Comme vous voudrez, père Micou... n'en parlons plus... je demanderai au *curieux* si...

— Va donc pour le café... — dit le recéleur en l'interrompant. — Mais que le diable t'emporte !.. maudit soit le jour où je t'ai connu !..

— Mon vieux... moi c'est tout le contraire... dans ce moment, je suis ravi de vous connaître... Je vous vénère comme mon père nourricier.

— J'espère que tu n'as rien de plus à m'ordonner ?... — reprit le père Micou avec amertume.

— Si... tu diras à ma mère et à ma sœur que, si j'ai tremblé quand on m'a arrêté, je ne tremble plus, et que je suis maintenant aussi déterminé qu'elles deux.

— Je leur dirai... Est-ce tout ?

— Attendez donc... J'oubliais de vous demander deux paires de bas de laine bien chauds... vous ne voudriez pas que je m'enrhume, n'est-ce pas?

— Je voudrais que tu crèves !..

— Merci, père Micou, ça sera pour plus tard; aujourd'hui j'aime autant autre chose... je veux la passer douce... Au moins si on me raccourcit comme mon père... j'aurai joui de la vie.

— Elle est propre, ta vie.

— Elle est superbe !... depuis que je suis ici je m'amuse comme un roi... S'il y avait eu des ampions et des fusées, on aurait illuminé et tiré des fusées en mon honneur, quand on a su que j'étais le fils du fameux Martial, le guillotiné.

— C'est touchant... Belle parenté!

— Tiens ! il y a bien des ducs et des marquis... pourquoi donc que nous n'aurions pas notre noblesse, nous autres? — dit le brigand avec une ironie farouche.

— Oui... c'est *Charlot* (1) qui vous les donne sur la place du Palais, vos lettres de noblesse...

— Bien sûr que ce n'est pas monsieur le

---

(1) Le bourreau.

curé; raison de plus, en prison faut être de la noblesse de *la haute pègre* (1) pour avoir de l'agrément, sans ça on vous regarde comme des riens du tout. Faut voir comme on les arrange, ceux qui ne sont pas *nobles de pègre* et qui font leur tête... Tenez, il y a ici justement un nommé Germain, un petit jeune homme qui fait le dégoûté et qui a l'air de nous mépriser. Gare à sa peau, c'est un sournois, on le soupçonne d'être un *mouton*. Si ça est, on lui grignotera le nez... en manière d'avis.

— Germain? ce jeune homme s'appelle Germain?

— Oui... vous le connaissez? il est donc de la pègre? Alors, malgré son air colas...

— Je ne le connais pas... mais s'il est le Germain dont j'ai entendu parler, son compte est bon.

— Comment?

— Il a déjà manqué de tomber dans un guet-apens que Velu et le Gros-Boiteux lui ont tendu il y a quelque temps.

— Pourquoi donc ça?

(1) Des grands voleurs.

— Je n'en sais rien... Ils disaient qu'en province il avait *coqué* (1) quelqu'un de leur bande.

— J'en étais sûr... Germain est un *mouton*... Eh bien! on en mangera du mouton... Je vas dire ça aux amis... ça leur donnera de l'appétit... Ah çà! le Gros-Boiteux fait-il toujours des niches à vos locataires?

— Dieu merci! j'en suis débarrassé de ce vilain gueux-là! tu le verras ici aujourd'hui ou demain.

— Vive la joie! nous allons rire! En voilà encore un qui ne boude pas!

— C'est parce qu'il va retrouver ici Germain... que je t'ai dit que le compte du jeune homme serait bon... si c'est le même...

(1) Dénoncé.— On se souvient que Germain, élevé pour le crime par un ami de son père, le Maître d'école, ayant refusé de favoriser un vol que l'on voulait commettre chez le banquier où il était employé à Nantes, avait instruit son patron de ce qu'on tramait contre lui et s'était réfugié à Paris. Quelque temps après, ayant rencontré dans cette ville le misérable dont il avait refusé d'être le complice à Nantes, Germain, épié par lui, avait manqué d'être victime d'un guet-apens nocturne. C'était pour échapper à de nouveaux dangers qu'il avait quitté la rue du Temple et tenu secret son nouveau domicile.

— Et pourquoi l'a-t-on pincé, le Gros-Boiteux ?

— Pour un vol commis avec un libéré qui voulait rester honnête et travailler... Ah ! bien oui ! le Gros-Boiteux l'a joliment enfoncé... il a tant de vice, ce gueux-là... Je suis sûr que c'est lui qui a forcé la malle de ces deux femmes qui occupent chez moi le cabinet du quatrième.

— Quelles femmes ? Ah ! oui... deux femmes, dont la plus jeune vous incendiait, vieux brigand, tant vous la trouviez gentille.

— Elles n'incendieront plus personne ; car, à l'heure qu'il est, la mère doit être morte, et la fille n'en vaut guère mieux. J'en serai pour une quinzaine de loyer ; mais que le diable me brûle si je donne seulement une loque pour les enterrer !.. J'ai fait assez de pertes, sans compter les douceurs que tu me *pries* de donner à toi et à ta famille ; ça arrange joliment mes affaires... J'ai de la chance cette année...

— Bah ! bah ! vous vous plaignez toujours, père Micou ; vous êtes riche comme un Crésus... Ah çà ! que je ne vous retienne pas !..

— C'est heureux !

— Vous viendrez me donner des nouvelles de ma mère et de Calebasse, en m'apportant d'autres provisions ?

— Oui... il le faut bien...

— Ah ! j'oubliais, pendant que vous y êtes, achetez-moi aussi une casquette neuve, en velours écossais, avec un gland ; la mienne n'est plus mettable.

— Ah çà ! décidément tu veux rire ?

— Non. Père Micou, je veux une casquette en velours écossais... C'est mon idée.

— Mais tu t'acharnes donc à me mettre sur la paille ?

— Voyons, père Micou, ne vous échauffez pas ; c'est oui ou c'est non. Je ne vous force pas... mais, suffit.

Le recéleur, en réfléchissant qu'il était à la merci de Nicolas, se leva, craignant d'être assailli de nouvelles demandes, s'il prolongeait sa visite.

— Tu auras ta casquette—dit-il ; — ;mais prends garde, si tu me demandes autre chose, je ne donnerai plus rien ; il en arrivera ce qui pourra, tu y perdras autant que moi.

— Soyez tranquille, père Micou, je ne vous *ferai chanter* (1) qu'autant qu'il en faudra pour que vous ne perdiez pas votre voix ; car ça serait dommage, vous *chantez* bien.

Le recéleur sortit en haussant les épaules avec colère, et le gardien fit rentrer Nicolas dans l'intérieur de la prison.

Au moment où le père Micou quittait le parloir destiné aux détenus, Rigolette y entrait.

Le gardien, homme de quarante ans, ancien soldat à figure rude et énergique, était vêtu d'un habit-veste, d'une casquette et d'un pantalon bleu ; deux étoiles d'argent étaient brodées sur le collet et sur les retroussis de son habit.

A la vue de la grisette, la figure de cet homme s'éclaircit et prit une expression d'affectueuse bienveillance ; il avait toujours été frappé de la grâce, de la gentillesse et de la

---

(1) Forcer à donner de l'argent en menaçant de faire certaines révélations.

bonté touchante avec laquelle Rigolette consolait Germain lorsqu'elle venait au parloir s'entretenir avec lui.

Germain était de son côté un prisonnier peu ordinaire, sa réserve, sa douceur et sa tristesse inspiraient un vif intérêt aux employés de la prison, intérêt qu'on se gardait d'ailleurs de lui témoigner, de peur de l'exposer aux mauvais traitements de ses hideux compagnons qui, nous l'avons dit, le regardaient avec une haine méfiante.

Au dehors il pleuvait à torrents; mais, grâce à ses socques élevés et à son parapluie, Rigolette avait courageusement bravé le vent et la pluie.

— Quel vilain jour, ma pauvre demoiselle! — lui dit le gardien avec bonté. — Il faut du cœur pour sortir par un temps pareil, au moins!

— Quand on pense toute la route au plaisir qu'on va faire à un pauvre prisonnier, on ne s'inquiète guère du temps, allez, monsieur!

— Je n'ai pas besoin de vous demander qui vous venez voir...

— Sûrement... Et comment va-t-il, mon pauvre Germain ?

— Tenez, ma chère demoiselle, j'en ai bien vu, des détenus ; ils étaient tristes, tristes un jour, deux jours, et puis peu à peu ils se mettaient au train-train des autres ; et les plus chagrins dans les premiers temps finissaient souvent par devenir les plus gais de tous... M. Germain, ce n'est pas cela, il a l'air de plus en plus accablé, lui.

— C'est ce qui me désole.

— Quand je suis de service dans les cours, je le regarde du coin de l'œil, il est toujours seul... Je vous l'ai déjà dit, vous devriez lui recommander de ne pas s'isoler ainsi... de prendre sur lui pour parler aux autres ; il finira par être leur bête noire... Les préaux sont surveillés ; mais un mauvais coup est bientôt fait.

— Ah ! mon Dieu ! monsieur... est-ce qu'il y a davantage de danger pour lui ? — s'écria Rigolette.

— Pas précisément ; mais ces bandits-là voient qu'il n'est pas des leurs, et ils le haïssent parce qu'il a l'air honnête et fier.

— Je lui avais pourtant recommandé de faire ce que vous me dites là, monsieur, de tâcher de parler aux moins méchants; mais c'est plus fort que lui, il ne peut surmonter sa répugnance.

— Il a tort... il a tort... une rixe est bien vite engagée.

— Mon Dieu! mon Dieu! on ne peut donc pas le séparer d'avec les autres?

— Depuis deux ou trois jours que je me suis aperçu de leurs mauvaises intentions à son égard, je lui avais conseillé de se mettre ce que nous appelons à la *pistole*, c'est-à-dire en chambre.

— Eh bien?

— Je n'avais pas pensé à une chose... toute une rangée de cellules est comprise dans les travaux de réparation qu'on fait à la prison, et les autres sont occupées.

— Mais ces mauvais hommes sont capables de le tuer! — s'écria Rigolette dont les yeux se remplirent de larmes. — Et si par hasard il avait des protecteurs, que pourraient-ils pour lui, monsieur?

— Rien autre chose que de lui faire obtenir ce qu'obtiennent les détenus qui peuvent la payer, une chambre à la pistole.

— Hélas!.. alors il est perdu, s'il est pris en haine dans la prison...

— Rassurez-vous, on y veillera de près... Mais, je vous le répète, ma chère demoiselle... conseillez-lui de se familiariser un peu... il n'y a que le premier pas qui coûte!

— Je lui recommanderai cela de toutes mes forces, monsieur; mais pour un bon et honnête cœur, c'est dur, voyez-vous, de se familiariser avec des gens pareils.

— De deux maux il faut choisir le moindre. Allons, je vais demander M. Germain. Mais au fait, tenez, j'y pense — dit le gardien en se ravisant — il ne reste plus que deux visiteurs... attendez qu'ils soient partis... il n'en reviendra pas d'autres aujourd'hui... car voilà deux heures... je ferai prévenir M. Germain; vous causerez plus à l'aise... Je pourrai même, quand vous serez seuls, le faire entrer dans le couloir, de façon que vous ne serez séparés que par une grille au lieu de deux, c'est toujours cela.

— Ah! monsieur, combien vous êtes bon...
que je vous remercie!

— Chut! qu'on ne vous entende pas, ça
ferait des jaloux. Asseyez-vous là-bas, au bout
du banc, et dès que cet homme et cette
femme seront partis, j'irai prévenir M. Germain.

Le gardien rentra à son poste dans l'intérieur du couloir; Rigolette alla tristement se
placer à l'extrémité du banc où s'asseyaient
les visiteurs.

Pendant que la grisette attend l'arrivée de
Germain, nous ferons sucessivement assister
le lecteur à l'entretien des prisonniers qui
étaient restés dans le parloir après le départ
de Nicolas Martial.

## CHAPITRE XVII.

PIQUE-VINAIGRE.

Le détenu qui se trouvait à côté de Barbillon était un homme de quarante-cinq ans environ, grêle, chétif, et d'une physionomie fine, intelligente, joviale et railleuse; il avait une bouche énorme, presque entièrement édentée; dès qu'il parlait, il la contournait de droite à gauche, selon l'habitude assez générale des gens accoutumés à s'adresser à la populace des carrefours; son nez était camard; sa tête démesurément grosse, presque complétement chauve; il portait un vieux gilet de tricot gris, un pantalon d'une couleur inappréciable, lacéré, rapiécé en mille endroits;

ses pieds nus, rougis par le froid, à demi enveloppés de vieux linges, étaient chaussés de sabots.

Cet homme, nommé Fortuné Gobert, dit *Pique-Vinaigre*, ancien joueur de gobelets, réclusionnaire libéré d'une condamnation pour crime d'émission de fausse monnaie, était prévenu de rupture de ban et de vol commis la nuit avec effraction et escalade.

Écroué depuis très-peu de jours à la Force, déjà Pique-Vinaigre remplissait, à la satisfaction générale de ses compagnons de prison, le métier de *conteur*.

Aujourd'hui les *conteurs* sont très-rares; mais autrefois chaque chambrée avait généralement, moyennant une légère contribution individuelle, son conteur d'office, qui par ses improvisations faisait paraître moins longues les interminables soirées d'hiver, les détenus se couchant à la tombée du jour.

S'il est assez curieux de signaler ce besoin de fictions, de récits émouvants qui se retrouve chez ces misérables, il est une chose bien plus considérable aux yeux des penseurs : ces gens corrompus jusqu'à la moelle, ces voleurs, ces meurtriers préfèrent surtout les *histoires* où sont exprimés des sentiments généreux, héroïques, les récits où la faiblesse et la bonté sont vengées d'une oppression farouche.

Il en est de même des filles perdues : elles affectionnent singulièrement la lecture des romans naïfs, touchants et élégiaques, et répugnent presque toujours aux lectures obscènes.

L'instinct naturel du bien, joint au besoin d'échapper par la pensée à tout ce qui leur rappelle la dégradation où elles vivent, ne cause-t-il pas chez ces malheureuses les sympathies et les répulsions intellectuelles dont nous venons de parler.

*Pique-Vinaigre* excellait donc dans ce genre de récits héroïques, où la faiblesse, après mille traverses, finit par triompher de son persécuteur. Pique-Vinaigre possédait en outre un grand fonds d'ironie qui lui avait valu son sobriquet, ses réparties étant souvent sardoniques ou plaisantes.

Il venait d'entrer au parloir.

En face de lui, de l'autre côté de la grille,

on voyait une femme de trente-cinq ans environ, d'une figure pâle, douce et intéressante, pauvrement, mais proprement vêtue; elle pleurait amèrement, et tenait son mouchoir sur ses yeux.

Pique-Vinaigre la regardait avec un mélange d'impatience et d'affection.

— Voyons donc, Jeanne — lui dit-il — ne fais pas l'enfant; voilà seize ans que nous ne nous sommes vus, si tu gardes toujours ton mouchoir sur tes yeux, ça n'est pas le moyen de nous reconnaître...

— Mon frère, mon pauvre Fortuné... j'étouffe... je ne peux pas parler...

— Es-tu drôle... va!.. Mais qu'est-ce que tu as?...

Sa sœur, car cette femme était sa sœur, contint ses sanglots, essuya ses yeux, et, le regardant avec stupeur, reprit :

— Ce que j'ai? Comment! je te retrouve en prison, toi qui y es déjà resté quinze ans!...

— C'est vrai; il y a aujourd'hui six mois que je suis sorti de la *centrale* de Melun... sans t'aller voir à Paris, parce que la *capitale* m'était défendue...

— Déjà repris!.. Qu'est-ce que tu as donc encore fait, mon Dieu? Pourquoi as-tu quitté Beaugency, où on t'avait envoyé en surveillance?

Pourquoi?.. Faudrait me demander pourquoi j'y suis allé...

— Tu as raison.

— D'abord, ma pauvre Jeanne, puisque ces grilles sont entre nous deux, figure-toi que je t'ai embrassée, serrée dans mes bras, comme ça se doit quand on revoit sa sœur après une éternité... Maintenant, causons : Un détenu de Melun, qu'on appelait le Gros-Boiteux, m'avait dit qu'il y avait à Beaugency un ancien forçat de sa connaissance qui employait des libérés à une fabrique de blanc de céruse... Sais-tu ce que c'est que fabriquer le blanc de céruse?

— Non, mon frère.

— C'est un bien joli métier; ceux qui le font, au bout d'un mois ou deux, attrapent la *colique de plomb*... Sur trois *coliqués*, il y en a un qui crève... Par exemple, faut être juste, les deux autres crèvent aussi... mais à leur aise... ils prennent leur temps... se gobergent et durent environ un an, dix-huit mois au plus... Après ça, le métier n'est pas si mal payé qu'un autre, et il y a des gens nés coiffés qui y résistent deux ou trois ans... Mais ceux-là sont les anciens, les centenaires des *blancs-de-cérusiens*. On en meurt, c'est vrai... mais il n'est pas fatigant.

— Et pourquoi as-tu choisi un état si dangereux qu'on en meure, mon pauvre Fortuné?

— Qu'est-ce que tu voulais que je fasse? Quand je suis entré à Melun pour cette affaire de fausse monnaie, j'étais joueur de gobelets. Comme à la prison il n'y avait pas d'atelier pour mon état, et que je ne suis pas plus fort qu'une puce, on m'a mis à la fabrication des jouets d'enfants. C'était un fabricant de Paris qui trouvait plus avantageux de faire confectionner par les détenus ses pantins, ses trompettes de bois et ses sabres *idem*... Aussi c'est le cas de le dire : *Sabre de bois !* en ai-je affilé, percé et taillé pendant quinze ans, de ces jouets! je suis sûr que j'en ai défrayé les moutards de tout un quartier de Paris... c'était surtout aux trompettes que je mordais... Et les crecelles, donc !.. avec deux de ces instruments-là on aurait fait grincer les dents à tout un bataillon, je m'en vante... Mon temps de prison fini, me voilà surtout passé maître en fait de trompettes à deux sous. On me donne à choisir pour lieu de ma résidence entre trois ou quatre bourgs, à quarante lieues de Paris; j'avais pour toute ressource mon savoir-faire en jouets d'enfants... or, en admettant que, depuis les vieillards jusqu'aux marmots, tous les habitants du bourg auraient eu la passion de faire *turlututu* dans mes trompettes, j'aurais eu encore bien de la peine à faire mes frais; mais je ne pouvais insinuer à toute une bourgade de trompetter du matin au soir... On m'aurait pris pour un intrigant...

— Mon Dieu... tu ris toujours...

— Cela vaut mieux que de pleurer. Finalement, voyant qu'à quarante lieues de Paris mon métier d'escamoteur ne me serait pas plus de ressource que mes trompettes, j'ai demandé la surveillance à Beaugency, voulant m'engager dans les *blancs-de-cérusiens*. C'est une pâtisserie qui vous donne des indigestions de *miserere;* mais, jusqu'à ce qu'on en crève, on en vit, c'est toujours ça de gagné, et j'aimais autant cet état-là que celui de voleur; pour voler je ne suis pas assez brave ni assez fort, et c'est par pur hasard que j'ai commis la *chose* dont je te parlerai tout à l'heure.

— Tu aurais été brave et fort, que par *idée* tu n'aurais pas volé davantage.

— Ah! tu crois cela, toi?

— Oui, au fond tu n'es pas méchant; car dans cette malheureuse affaire de fausse monnaie tu as été entraîné malgré toi, presque forcé, tu le sais bien.

— Oui, ma fille; mais, vois-tu, quinze ans dans une maison centrale... ça vous *culotte* un homme comme mon brûle-gueule que voilà, quand même il serait entré à la geôle blanc comme une pipe neuve; en sortant de Melun, je me sentais donc trop poltron pour voler.

— Et tu avais le courage de prendre un métier mortel! Tiens, Fortuné, je te dis que tu veux te faire plus mauvais que tu ne l'es.

— Attends donc, tout gringalet que j'étais, j'avais dans l'idée, que le diable m'emporte si je sais pourquoi! que je ferais la nique à la colique de plomb, que la maladie aurait trop peu à ronger sur moi et qu'elle irait ailleurs; enfin que je deviendrais un des vieux *blancs-de-cérusiens*... En sortant de prison, je commence par fricasser ma masse, bien entendu, augmentée de ce que j'avais gagné en contant des histoires le soir à la chambrée.

— Comme tu nous en contais autrefois, mon frère. Ça amusait tant notre pauvre mère, t'en souviens-tu?

— Pardieu!.. bonne femme! Et elle ne s'est jamais doutée, avant de mourir, que j'étais à Melun?

— Jamais, jusqu'à son dernier moment elle a cru que tu étais passé aux îles...

— Que veux-tu, ma fille, mes bêtises, c'est de la faute de mon père, qui m'avait dressé pour être paillasse, pour l'assister dans ses tours de gobelet, manger de l'étoupe et cracher du feu; ce qui faisait que je n'avais pas le temps de frayer avec des fils de pairs de France, et j'ai fait de mauvaises connaissances. Mais, pour revenir à Beaugency, une fois sorti de Melun, je fricasse ma masse comme de juste. Après quinze ans de cage, il faut bien prendre un peu l'air et égayer son existence, d'autant plus que sans être trop gourmand le blanc de céruse pouvait me donner une dernière indigestion; alors, à quoi m'aurait servi mon argent de prison... je te le demande... Finalement j'arrive à Beaugency à peu près sans le sou; je demande *Velu*, l'ami du Gros-Boiteux, le chef de fabrique. Serviteur! pas plus de fabrique de blanc de céruse que dessus la main, il y était mort onze personnes dans l'année; l'ancien forçat avait fermé boutique. Me voilà au milieu de ce bourg, toujours avec mon talent pour les trompettes de bois pour tout potage, et ma cartouche de libéré pour toute recommandation. Je demande à m'employer selon ma force, et comme je n'avais pas de force tu comprends comme on me reçoit; voleur par-ci, gueux par-là, échappé de prison! enfin, dès que je paraissais quelque part, chacun mettait ses mains sur ses poches; je ne pouvais donc pas m'empêcher de crever de faim dans un trou pareil, que je ne devais pas quitter pendant cinq ans. Voyant ça, je romps mon ban pour venir à Paris utiliser mes talents. Comme je n'avais pas de quoi venir en carrosse à quatre chevaux, je suis venu en gueusant et en mendiant tout le long de la route, évitant les gendarmes comme un chien les coups de bâton; j'avais eu du bonheur, j'étais arrivé sans encombre jusqu'auprès d'Auteuil. J'étais harassé, j'avais une faim d'enfer, j'étais vêtu... comme tu vois, sans luxe... — Et Pique-Vinaigre jeta un coup d'œil goguenard sur ses haillons. — Je ne portais pas un sou sur moi, je pouvais être arrêté comme vagabond. Ma foi, une occasion s'est présentée, le diable m'a tenté, et malgré ma poltronnerie...

— Assez... mon frère, assez — dit sa sœur, craignant que le gardien, quoique à ce moment assez éloigné de Pique-Vinaigre, n'entendit ce dangereux aveu.

— Tu as peur qu'on n'écoute — reprit-il

— sois tranquille, je ne m'en cache pas, j'ai été pris sur le fait, il n'y avait pas moyen de nier; j'ai tout avoué, je sais ce qui m'attend; mon compte est bon.

— Mon Dieu! mon Dieu! — reprit la pauvre femme en pleurant — avec quel sang-froid tu parles de cela...

— Quand j'en parlerais avec un sang chaud, qu'est-ce que j'y gagnerais? Voyons, sois donc raisonnable, Jeanne; faut-il que ce soit moi qui te console?

Jeanne essuya ses larmes, et soupira.

— Pour en revenir à mon affaire — reprit Pique-Vinaigre — j'étais arrivé tout près d'Auteuil, à la brune; je n'en pouvais plus; je ne voulais entrer dans Paris qu'à la nuit; je m'étais assis derrière une haie pour me reposer et réfléchir à mon plan de campagne. A force de réfléchir, j'ai fini par m'endormir; un bruit de voix m'a réveillé; il faisait tout à fait nuit; j'écoute... c'était un homme et une femme qui causaient sur la route, de l'autre côté de ma haie; l'homme disait à la femme:

— Qui veux-tu qui pense à venir nous voler?

Est-ce que nous n'avons pas cent fois laissé la maison toute seule? — Oui — que reprend la femme — mais nous n'y avions pas cent francs dans notre commode. — Qu'est-ce qui le sait, bête? — dit le mari. — T'as raison — reprend la femme, et ils filent. Ma foi, l'occasion me paraît trop belle pour la manquer, il n'y avait aucun danger. J'attends que l'homme et la femme soient un peu loin pour sortir de derrière ma haie; je regarde à vingt pas de là, je vois une petite maison de paysans, ça devait être la maison aux cent francs, il n'y avait que cette bicoque sur la route; Auteuil était à cinq cents pas de là... Je me dis : Courage, mon vieux, il n'y a personne, il fait nuit; s'il n'y a pas de chien de garde (tu sais que j'ai toujours eu peur des chiens), l'affaire est faite. Par bonheur il n'y avait pas de chien. Pour être plus sûr, je cogne à la porte, rien... ça m'encourage. Les volets du rez-de-chaussée étaient fermés, je passe mon bâton entre eux deux, je les force, j'entre par la fenêtre dans une chambre; il restait un peu de feu dans la cheminée; ça m'éclaire; je vois une commode dont la clef était ôtée; je prends la pincette, je force les tiroirs, et sous un tas de linge je trouve le magot enveloppé dans un vieux bas de laine; je ne m'amuse pas à prendre autre chose; je saute par la fenêtre et je tombe... devine où?.. Voilà une chance!...

— Mon Dieu! dis donc!

— Sur le dos du garde-champêtre qui rentrait au village.

— Quel malheur!...

— La lune s'était levée; il me voit sortir par la fenêtre; il m'empoigne. C'était un camarade qui en aurait mangé dix comme moi... Trop poltron pour résister, je me résigne. Je tenais encore le bas à la main; il entend sonner l'argent, il prend le tout, le met dans sa gibecière, et me force de le suivre à Auteuil. Nous arrivons chez le maire avec accompagnement de gamins et de gendarmes; on va attendre les propriétaires chez eux; à leur retour, ils font leur déclaration... Il n'y avait pas moyen de nier; j'avoue tout, je signe le procès-verbal, on me met les menottes, et en route...

— Et te voilà en prison encore... pour longtemps peut-être?

— Écoute, Jeanne, je ne veux pas te tromper, ma fille; autant te dire cela tout de suite...

— Quoi donc encore, mon Dieu!...

— Voyons, du courage!...

— Mais parle donc!

— Eh bien! il ne s'agit plus de prison...

— Comment cela?

— A cause de la récidive, de l'effraction et de l'escalade de nuit dans une maison habitée... l'avocat me l'a dit : c'est un compte fait comme des petits pâtés.... j'en aurai pour quinze ou vingt ans de bagne et l'exposition par-dessus le marché..

— Aux galères! mais toi si faible, tu y mourras! — s'écria la malheureuse femme en éclatant en sanglots.

— Et si je m'étais enrôlé dans les blancs-de-cérusiens?..

— Mais les galères, mon Dieu! les galères!

— C'est la prison au grand air, avec une casaque rouge au lieu d'une brune; et puis

j'ai toujours été curieux de voir la mer...
Quel badaud de Parisien je fais... hein?

— Mais l'exposition... malheureux!.. Être là exposé au mépris de tout le monde... Oh! mon Dieu! mon Dieu! mon pauvre frère!..

Et l'infortunée se reprit à pleurer.

— Voyons, voyons, Jeanne... sois donc raisonnable... c'est un mauvais quart d'heure à passer... et encore je crois qu'on est assis... Et puis, est-ce que je ne suis pas habitué à voir la foule? Quand je faisais mes tours de gobelets, j'avais toujours un tas de monde autour de moi, je me figurerai que j'escamote, et si ça me fait trop d'effet je fermerai les yeux; ce sera absolument comme si on ne me voyait pas.

En parlant avec autant de cynisme, ce malheureux voulait moins faire acte d'une criminelle insensibilité que consoler et rassurer sa sœur par cette apparence d'indifférence.

Pour un homme habitué aux mœurs des prisons, et chez lequel toute honte est nécessairement morte, le bagne n'est, en effet, qu'un changement de condition, un *changement de casaque*, comme Pique-Vinaigre le disait avec une effrayante vérité.

Beaucoup de détenus des prisons centrales, préférant même le bagne, à cause de la vie bruyante qu'on y mène, commettent souvent des tentatives de meurtre pour être envoyés à Brest ou à Toulon.

Cela se conçoit : avant d'entrer au bagne, ils avaient presque autant de labeurs, selon leur profession.

La condition des plus honnêtes ouvriers des ports n'est pas moins rude que celle des forçats ; ils entrent aux ateliers et en sortent aux mêmes heures, enfin les grabats où ils reposent leurs membres brisés de fatigue ne sont souvent pas meilleurs que ceux de la chiourme.

Ils sont libres ? dira-t-on.

Oui, libres... un jour... le dimanche, et ce jour est aussi un jour de repos pour les forçats.

Mais ils n'ont pas la honte, la flétrissure ?

Et qu'est-ce que la honte et la flétrissure pour ces misérables qui, chaque jour, se bronzent l'âme dans cette fournaise infernale, qui prennent tous les grades d'infamie dans cette école mutuelle de perdition, où les plus criminels sont les plus considérés?

Telles sont donc les conséquences du système de pénalité actuelle;

L'incarcération est très-recherchée;

Le bagne... souvent demandé...

. . . . . . . . . . . . . . . . . . .

— Vingt ans de galères, mon Dieu! mon Dieu! — répétait la pauvre sœur de Pique-Vinaigre.

— Mais rassure-toi donc, Jeanne; on ne m'en donnera que pour mon argent; je suis trop faible pour qu'on me mette aux travaux de force... S'il n'y a pas de fabrique de trompettes et de sabres de bois, comme à Melun, on me mettra au travail doux, on m'emploiera à l'infirmerie; je ne suis pas récalcitrant, je suis bon enfant, je conterai des histoires comme j'en conte ici, je me ferai *adorer de mes chefs, estimer de mes camarades*, et je t'enverrai des noix de coco gravées et des boîtes de paille pour mes neveux et pour mes nièces. Enfin le vin est tiré, il faut le boire.

— Si tu m'avais seulement écrit que tu venais à Paris, j'aurais tâché de te cacher et de t'héberger en attendant que tu aies trouvé de l'ouvrage.

— Pardieu! je comptais bien aller chez toi, mais j'aimais mieux y arriver les mains pleines; car, d'ailleurs, à ta mise je vois que tu ne roules pas non plus carrosse. Ah çà, et tes enfants, et ton mari?

— Ne me parle pas de lui.

— Toujours bambocheur; c'est dommage, bon ouvrier tout de même.

— Il me fait bien du mal... va... j'avais assez de mes autres peines sans avoir encore celle que tu me fais...

— Comment! ton mari...

— Depuis trois ans il m'a quittée, après avoir vendu tout notre ménage, me laissant avec mes enfants sans rien, avec ma paillasse pour tout mobilier.

— Tu ne m'avais pas dit cela!

— A quoi bon!.. ça t'aurait chagriné.

— Pauvre Jeanne! Et comment as-tu fait, toute seule avec tes trois enfants?

— Dame! j'ai eu beaucoup de mal; je

travaillais à ma tâche comme frangeuse, tant que je pouvais; les voisines m'aidaient un peu, gardaient mes enfants pendant que j'étais sortie; et puis moi, qui n'ai pas toujours la chance, j'ai eu du bonheur une fois dans ma vie, mais ça ne m'a pas profité, à cause de mon mari...

— Pourquoi donc cela?

— Mon passementier avait parlé de ma peine à une de ses pratiques, lui apprenant comment mon mari m'avait laissée sans rien, après avoir vendu notre ménage, et que malgré ça je travaillais de toutes mes forces pour élever mes enfants; un jour, en rentrant, qu'est-ce que je trouve? mon ménage remonté à neuf, un bon lit, des meubles, du linge; c'était une charité de la pratique de mon passementier.

— Brave pratique!.. Pauvre sœur!.. Pourquoi diable aussi ne m'as-tu pas écrit pour m'apprendre ta gêne? Au lieu de dépenser ma masse, je t'aurais envoyé de l'argent!

— Moi libre, te demander, à toi prisonnier...

— Justement; j'étais nourri, chauffé, logé

aux frais du gouvernement; ce que je gagnais était tout bénéfice : sachant le beau-frère bon ouvrier et toi bonne ouvrière ménagère, j'étais tranquille, et j'ai fricassé ma masse, les yeux fermés et la bouche ouverte.

— Mon mari était bon ouvrier, c'est vrai, mais il s'est dérangé; enfin, grâce à ce secours inattendu, j'ai repris bon courage : ma fille aînée commençait à gagner quelque chose; nous étions heureux, sans le chagrin de te savoir à Melun. L'ouvrage allait, mes enfants étaient proprement habillés, ils ne manquaient à peu près de rien, ça me donnait un cœur... un cœur!.. enfin j'étais même parvenue à mettre trente-cinq francs de côté, lorsque tout à coup mon mari revient. Je ne l'avais pas vu depuis un an; me trouvant bien emménagée, bien nippée, il n'en fait ni une ni deux, il me prend mon argent, s'installe chez nous sans travailler, se grise tous les jours, et me bat quand je me plains.

— Le gueux!

— Ce n'est pas tout, il avait logé dans un cabinet de notre logement une mauvaise femme avec laquelle il vivait; il fallait encore souffrir cela pour la seconde fois. Il recommença à vendre petit à petit les meubles que j'avais. Prévoyant ce qui allait m'arriver, je vais chez un avocat qui demeurait dans la maison lui demander ce qu'il faut faire pour empêcher mon mari de me mettre encore sur la paille, moi et mes enfants.

— C'était bien simple, il fallait fourrer ton mari à la porte.

— Oui, mais je n'en avais pas le droit. L'avocat me dit que mon mari pouvait disposer de tout comme chef de la communauté, et s'installer à la maison sans rien faire; que c'était un malheur, mais qu'il fallait m'y soumettre; que la circonstance de sa maîtresse, qui vivait sous notre toit, me donnait le droit de demander la séparation de corps et de biens, comme on appelle cela... D'autant plus que j'avais des témoins que mon mari m'avait battue, que je pouvais plaider contre lui, mais que cela me coûterait au moins, au moins quatre ou cinq cents francs pour obtenir ma séparation. Tu juges ! c'est presque tout ce que je peux gagner en une année ! Où trouver une pareille somme à emprunter ?.. Et puis ce n'est pas le tout d'emprunter... il faut rendre... Et cinq cents francs... tout d'un coup... c'est une fortune.

— Il y a pourtant un moyen bien simple d'amasser cinq cents francs — dit Pique-Vinaigre avec amertume — c'est de mettre son estomac *au croc* pendant un an... de vivre de l'air du temps et de travailler tout de même... C'est étonnant que l'avocat ne t'ait pas donné ce conseil-là...

— Tu plaisantes toujours...

— Oh! cette fois, non!.. — s'écria Pique-Vinaigre avec indignation; — car enfin c'est une infamie, ça... que la loi soit trop chère pour les pauvres gens. Car te voilà, toi, brave et digne mère de famille, travaillant de toutes tes forces pour élever honnêtement tes enfants... Ton mari est un mauvais sujet fieffé, il te bat, te gruge, te pille, dépense au cabaret l'argent que tu gagnes; tu t'adresses à la justice... pour qu'elle te protége et que tu puisses mettre à l'abri des griffes de ce fainéant ton pain et celui de tes enfants... Les gens de loi te disent : Oui, vous avez raison, votre mari est un mauvais drôle, on vous fera justice...

mais cette justice-là vous coûtera cinq cents francs. Cinq cents francs!.. ce qu'il te faut pour vivre, toi et ta famille, presque pendant un an!.. Tiens, vois-tu, Jeanne, tout ça prouve, comme dit le proverbe, qu'il n'y a que deux espèces de gens : ceux qui sont pendus et ceux qui méritent de l'être.

Rigolette, seule et pensive, n'ayant aucun interlocuteur à écouter, n'avait pas perdu un mot des confidences de cette pauvre femme, au malheur de laquelle elle sympathisait vivement. Elle se promit de raconter cette infortune à Rodolphe dès qu'elle le reverrait, ne doutant pas qu'il ne la secourût.

FIN DU SEPTIÈME VOLUME.

# TABLE DES CHAPITRES.

| | |
|---|---|
| Chap. I<sup>er</sup>. Le bateau. | 1 |
| II. Bonheur de se revoir | 21 |
| III. La Louve et Martial | 45 |
| IV. Le docteur Griffon. | 59 |
| V. Le portrait. | 71 |
| VI. L'agent de sûreté. | 89 |
| VII. La chouette | 99 |
| VIII. Le caveau. | 111 |
| IX. Présentation. | 135 |
| X. Voisin et voisine | 161 |
| XI. Murph et Polidori. | 169 |
| XII. Punition. | 191 |
| XIII. L'étude. | 217 |
| XIV. Luxurieux point ne seras… | 243 |
| XV. Le guichet. | 271 |
| XVI. La Force | 307 |
| XVII. Pique-Vinaigre | 337 |

## Ouvrages nouveaux de M. Eugène Sue,

QUI SE TROUVENT A LA MÊME LIBRAIRIE.

---

LATRÉAUMONT, 2 vol. in-8°.
ARTHUR, 4 vol. in-8°.
DELEYTAR, 2 vol. in-8°.
LE MARQUIS DE LÉTORIÈRE, 1 vol. in-8°.
JEAN CAVALIER, ou LES FANATIQUES DES CÉVENNES, 4 vol. in-8°.
DEUX HISTOIRES : HERCULE-HARDI ET LE COLONEL SURVILLE, 1772—1810, 2 vol. in-8°.
LE COMMANDEUR DE MALTE, histoire maritime du temps de Louis XIII, 2 vol. in-8°.
MATHILDE, MÉMOIRES D'UNE JEUNE FEMME, 6 vol. in-8°.
LE MORNE-AU-DIABLE, 2 volumes in-8°.
THÉRÈSE DUNOYER, 2 vol. in-8°.
LES MYSTÈRES DE PARIS, 9 vol. in-8°.
PAULA MONTI OU L'HÔTEL LAMBERT, 2 vol. in-8°.

---

## Ouvrages de M. Eugène Sue

FAISANT PARTIE DE LA BIBLIOTHÈQUE D'ÉLITE.

---

LA SALAMANDRE, 1 vol. in-18, papier jésus vélin.
PLICK ET PLOCK, Nouvelles maritimes, 1 vol. in-18, papier jésus vélin.
ATAR GULL, Nouvelles maritimes, 1 vol. in-18, papier jésus vélin.
ARTHUR, 2 vol. in-18, papier jésus vélin.
LA COUCARATCHA, 2 vol. in-18, papier jésus vélin.
LA VIGIE DE KOAT-VEN, 2 vol. in-18, papier jésus vélin.

---

Paris. Imprimé par Béthune et Plon.

www.ingramcontent.com/pod-product-compliance
Lightning Source LLC
Chambersburg PA
CBHW050252170426
43202CB00011B/1657